천국에서 정의란 과연 무엇인가?

예수님의 비유 시리즈 03

열린다 비유

포도원 품꾼 이야기

지은이 | 류모세
초판 발행 | 2011년 7월 29일
9쇄 발행 | 2021년 1월 12일
등록번호 | 제3-203호
등록된 곳 | 서울특별시 용산구 서빙고동 95번지
발행처 | 사단법인 두란노서원
영업부 | 2078-3333 FAX 080-749-3705
출판부 | 2078-3477

책 값은 뒤표지에 있습니다.
ISBN 978-89-531-1637-5 03230

편집부에서 독자의 의견을 기다립니다.
tpress@duranno.com http://www.Duranno.com

두란노서원은 바울 사도가 3차 전도여행 때 에베소에서 성령 받은 제자들을 따로 세워 하나님의 말씀으로 양육하던 장소입니다. 사도행전 19장 8-20절의 정신에 따라 첫째 목회자를 돕는 사역과 평신도를 훈련시키는 사역, 둘째 세계선교(TIM)와 문서선교(단행본 · 잡지) 사역, 셋째 예수문화 및 경배와 찬양 사역, 그리고 가정 · 상담 사역 등을 감당하고 있습니다. 1980년 12월 22일에 창립된 두란노서원은 주님 오실 때까지 이 사역들을 계속할 것입니다.

예수님의 비유 시리즈 03

열린다 비유

포도원 품꾼 이야기

류모세
지음

두란노

차례

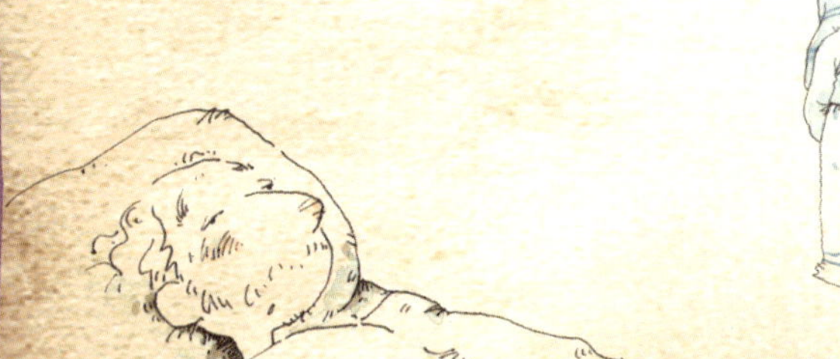

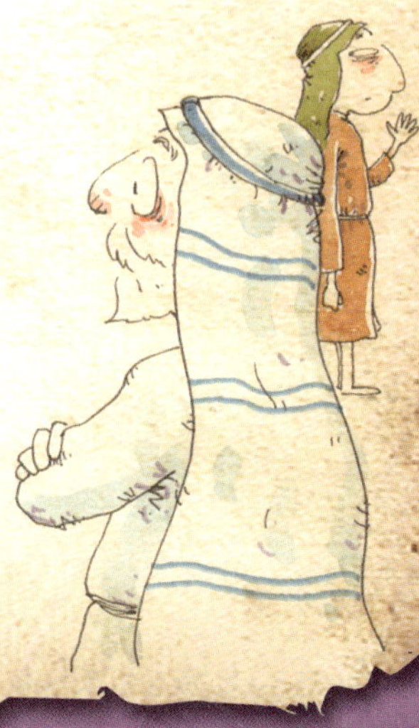

프롤로그

유대인들의 문화적 배경에서 만나는 예수님의 비유

'포도원 품꾼 이야기'로써 《열린다 비유》 시리즈를 처음 구상할 때 쓰려고 계획하던 3개의 비유를 모두 마쳤다. 어떤 주제로 책을 쓰려는 작가에게 가장 중요한 것은 아무래도 '어떻게 구성을 잡느냐' 하는 것이리라. 쓰려는 주제와 콘텐츠가 있다고 전제하면 다음에 맞닥뜨리는 문제가 어떻게 목차를 잡고 구성을 잡느냐이기 때문이다.

《열린다 비유》 시리즈는 애초에 하나의 비유를 한 권의 책을 통해 심도 있게 다루고자 했기 때문에 전체적인 구성을 잡는 데 상당한 어려움이 있었다. 예수님의 비유와 관련된 책들이 의외로 많았지만 한두 권의 책에서 예수님의 비유를 전체적으로 다루었지 하나의 비유를 한 권에서 다룬 경우는 거의 없기 때문이다. 그래도 1권 '선한 사마리아인의 비유'가 완성되고 나니까 이후부터는 한결 수월했다. 《열린다 비유》 시리즈는 이런 포맷으로 가면 되겠구나 하면서 어느 정도 감을 잡았기 때문이다.

1권이 나오고 2권 '돌아온 탕자의 비유' 원고를 한참 쓰고 있을 때 존 맥아

더 목사님이 쓰신 《예수가 말하고 싶었던 탕자 이야기》가 번역 출간되었다. 이 책을 보고 얼마나 반가웠는지 모른다. 2권은 존 맥아더 목사님의 책을 통해서 많은 영감을 얻을 수 있었다. 읽고 보니 존 맥아더 목사님이 참고하신 문헌도 나와 비슷했다. 결국 목사님도 유대인들의 문화적 배경에서 예수님의 비유를 해석해야 한다는 전체적인 틀과 맥락에서 나와 같은 노선에 서 있었던 것이다.

존 맥아더 목사님의 책이 계속 시리즈로 나오면 좋으련만, 아쉽게도 탕자의 비유 한 권으로 끝내시는 것 같다. 목사님은 그 한 권으로 유대 문화적 배경에서 해석하는 예수님의 비유라고 하는 새로운 시각을 소개하는 것으로 만족하신 듯싶다. 힘들겠지만 이제부터는 혼자서 더 많은 노력과 투자를 해야 한 권의 책이 나올 수 있을 것 같다.

'선한 사마리아인의 비유', '돌아온 탕자의 비유', '포도원 품꾼의 비유'는 비유 관련 책들을 읽고 《열린다 비유》라는 새로운 시리즈를 구상할 때 가장 먼저 잡았던 토픽들이다. 이 비유들이 가장 먼저 부각된 것은 유대인의 문화적 접근에서 소개할 수 있는 각각의 비유 주제가 서로 달라서 겹치는 부분이 없고, 한 권의 책을 채울 수 있을 만큼 소재가 풍성했기 때문이다.

3권을 마치면서 내게는 새로운 도전과 고민이 생겼다. 새로운 비유를 다루어야 하는데 아무래도 앞선 세 개의 비유처럼 한 권의 책을 가득 채울 만한 풍성한 소재를 갖고 있는 비유가 눈에 띄지 않기 때문이다. 자세히 다루다 보면 이미 앞선 책에서 다룬 주제와 겹칠 수도 있다. 그래서 피치 못하게 이후의 책들은 하나가 아니라 두세 개의 비유를 한 권에서 함께 다루게 될 것 같다. 그런 식으로 해서 《열린다 비유》 시리즈를 통해 예수님의 비유를 최대한 다루려고 한다.

그럼에도 나는 《열린다 비유》 시리즈를 통한 비유 여행을 3권에서 잠시 멈추고 오랜 심호흡을 하려고 한다. 여기에는 두 가지 이유가 있다.

첫째, 몇 개의 비유를 함께 다룬다는 점에서 4권부터 다룰 비유들은 조금 다른 포맷으로 가야 하고 새로운 구성을 잡아야 하기 때문이다. 역시 구성을 새롭게 잡는 데는 더 많은 시간과 내공이 필요한 것 같다.

둘째, 《열린다 사복음서》를 시작으로 요즘 성도들의 관심이 집중된 '성경일독학교' 포맷의 책을 써야겠다고 느꼈기 때문이다. 예수님의 탄생부터 죽으심까지, 예수님의 생애를 연대기 순으로 따라가면서 성경 역사, 성서 고고학, 성서 지리라고 하는 세 가지 틀을 가지고 사복음서를 '역사 스토리'처럼 새롭게 쓰고자 한다.

시작한 시리즈를 끝까지 완성하지도 않고 새로운 시리즈를 시작하는 것이 외도로 비칠지도 모르겠다. 하지만 이스라엘에서 내가 운영하는 '현장체험 성경일독학교'를 다녀가는 분들이 성경일독학교 포맷의 책을 써 달라는 요청을 꾸준히 해왔다.

'포도원 품꾼 이야기'의 서문을 써 내려가다 보니 이번에는 책 자체에 대한 서문보다는 작가의 집필 계획을 밝히는 식이 되어 버렸다. 하지만 서문의 지면을 통해서라도 차후의 집필 계획을 밝히는 것이 독자 분들에 대한 예의라 싶었다.

책 내용 중에도 살짝 나오지만 앞으로 '열린다 시리즈'를 통해 다루고자 하는 주제들이 꽤나 많다. 복음서의 난해구절도 있고, 유대인들의 인체관에 대한 것도 있다. 유대인들의 인체관은 복음서에 나오는 예수님의 치유 사역을 이해하는 데 중요한 주제가 된다. 때로는 다양한 주제들이 불쑥불쑥 튀어나와 한 가지 주제를 가지고 책을 써 내려가는 나의 머릿속을 혼란스럽게 하기도 한다.

머릿속에 구상한 '열린다 시리즈'들이 어떻게 책으로 구성되어 나올지 나도 자못 궁금하다. 매번 그렇지만 한 권 한 권 책을 써 내려가면서 머릿속에서 복잡하게 얽혀 있던 구상들이 일목요연하게 정리되곤 한다. 그럴 때는 시야를 가리던 안개가 일순간 투명하게 걷히면서 머리가 맑아지는 기분이다.

그런 기분을 '포도원 품꾼의 비유'를 집필하면서 가장 많이 느낀 것 같다.

이 비유가 다른 비유에 비해서 해석이 분분한 난해 비유에 속하기 때문일 것이다. 이 책을 읽는 독자 분들도 안개가 걷히고 머리가 한순간에 맑아지는 그런 기분을 느꼈으면 좋겠다.

2011. 07.

류모세

포도원 품꾼의 비유 성경 구절

마태복음 20장 1~16절

1 천국은 마치 품꾼을 얻어 포도원에 들여보내려고 이른 아침에 나간 집주
인과 같으니
2 그가 하루 한 데나리온씩 품꾼들과 약속하여 포도원에 들여보내고
3 또 제삼시에 나가 보니 장터에 놀고 서 있는 사람들이 또 있는지라
4 그들에게 이르되 너희도 포도원에 들어가라 내가 너희에게 상당하게 주
리라 하니 그들이 가고
5 제육시와 제구시에 또 나가 그와 같이 하고
6 제십일시에도 나가 보니 서 있는 사람들이 또 있는지라 이르되 너희는 어
찌하여 종일토록 놀고 여기 서 있느냐
7 이르되 우리를 품꾼으로 쓰는 이가 없음이니이다 이르되 너희도 포도원
에 들어가라 하니라
8 저물매 포도원 주인이 청지기에게 이르되 품꾼들을 불러 나중 온 자로부
터 시작하여 먼저 온 자까지 삯을 주라 하니
9 제십일시에 온 자들이 와서 한 데나리온씩을 받거늘
10 먼저 온 자들이 와서 더 받을 줄 알았더니 그들도 한 데나리온씩 받은

지라
11 받은 후 집주인을 원망하여 이르되
12 나중 온 이 사람들은 한 시간밖에 일하지 아니하였거늘 그들을 종일 수
고하며 더위를 견딘 우리와 같게 하였나이다
13 주인이 그중의 한 사람에게 대답하여 이르되 친구여 내가 네게 잘못한
것이 없노라 네가 나와 한 데나리온의 약속을 하지 아니하였느냐
14 네 것이나 가지고 가라 나중 온 이 사람에게 너와 같이 주는 것이 내 뜻
이니라
15 내 것을 가지고 내 뜻대로 할 것이 아니냐 내가 선하므로 네가 악하게
보느냐
16 이와 같이 나중 된 자로서 먼저 되고 먼저 된 자로서 나중 되리라

chapter

01

포도원 주인은 천국의 모델인가, 악덕 고용주의 모델인가?

'포도원 품꾼의 비유' 해석의 난해성

포도원 주인의 기이한 태도는 '포도원 품꾼의 비유'를 이해하는 핵심 포인트다. 언뜻 보면 선하지도 않고 공정하지도 않으며 착취하는 고용주처럼 보이는 포도원 주인! 아울러 너무나 억울하고 이유 있는 항변을 하고 있는 것 같은 포도원 품꾼! 하지만 예수님은 비유의 결론에서 정반대의 판결을 내리신다. 포도원 주인은 지극히 선하고 포도원 품꾼은 참으로 악한 자라는 것이다.

사복음서 중에서 유일하게 마태복음에만 기록되어 있는 '포도원 품꾼의 비유'는 이렇게 시작하고 있다.

> "천국은 마치 품꾼을 얻어 포도원에 들여보내려고 이른 아침에 나간 집 주인과 같으니"(마 20:1).

'포도원 품꾼의 비유'는 '천국은 마치 …과 같으니'(The Kingdom of God is like…)의 전형적인 형태를 띠고 있는 일련의 비유들 가운데 하나로 등장한다. 마태는 자신의 복음서에서 이런 형태의 비유를 여럿 제시하고 있다.

> "또 비유를 들어 이르시되 천국은 마치 사람이 자기 밭에 갖다 심은 겨자씨 한 알 같으니"(마 13:31).

> "또 비유로 말씀하시되 천국은 마치 여자가 가루 서 말 속에 갖다 넣어 전부 부풀게 한 누룩과 같으니라"(마 13:33).

> "천국은 마치 밭에 감추인 보화와 같으니 사람이 이를 발견한 후 숨겨 두고 기뻐하며 돌아가서 자기의 소유를 다 팔아 그 밭을 사느니라"(마 13:44).

> "또 천국은 마치 좋은 진주를 구하는 장사와 같으니"(마 13:45).

"또 천국은 마치 바다에 치고 각종 물고기를 모는 그물과 같으니"(마 13:47).

"천국은 마치 자기 아들을 위하여 혼인 잔치를 베푼 어떤 임금과 같으니"(마 22:2).

"그때에 천국은 마치 등을 들고 신랑을 맞으러 나간 열 처녀와 같다 하리니"(마 25:1).

물론 이 말씀들은 예수님이 하신 말씀을 마태가 그대로 인용한 것이다. 예수님은 천국에 대한 사전적인 정의를 내리시지 않는다. '천국이란 무엇인가'라는 신학적인 주제를 가지고 복잡하고 지루한 강론을 펼치시지도 않는다. 오히려 '천국은 마치 …와 같다'라는 단순하지만, 무척 힘 있는 비유의 형태를 빌려 이야기를 들려주신다.

'…'에 들어간 것을 살펴보면 1세기 유대인 청중에게 생소한 것은 하나도 없다. 이들이 매일의 삶에서 수시로 만나고 접하는 친근하고 정겨운 소재들로 채워져 있다. '포도원 품꾼의 비유'에서는 밀과 함께 1세기 유대인 청중에게는 가장 친숙한 포도가 등장한다. 아울러 포도원을 배경으로 그 포도원의 주인, 비유를 듣는 청중의 상당수도 이미 경험해 보았을 포도원의 품꾼이 비유의 주인공으로 등장한다.

바로 이것이 예수님의 비유가 가지고 있는 마력이다. 청중은 귀를 쫑긋 세우고 예수님의 입술에 온통 주의를 집중한다. 과연 이번 비유 스토리는 어떻게 전개될 것인가? 이번에는 스토리의 어느 부분에서 예기치 않은 강펀치와 어퍼컷이 날아올 것인가? 흥미와 약간의 긴장감을 안고 청중은 예수님께서 소개하시는 비유 스토리의 현장 속으로 자기도 모르게 빨려 든다.

가까이하기엔 너무 먼 '비유'

'포도원 품꾼의 비유'는 하나님은 어떤 분인가, 그리고 인생들을 향한 그분의 은혜가 얼마나 놀랍고 풍성한가를 주제로 하고 있는 어메이징 스토리다. 현대적 비유 해석의 선구자로 불리는 독일 신학자 아돌프 율리허(Adolf Julicher)는 이 하나의 비유 속에 복음의 진수가 녹아 있다고 극찬한 바 있다.

몽테피오레(Montefiore)는 자신의 책 《공관복음》(The Synoptic Gospels)에서 '포도원 품꾼의 비유'를 예수님의 많은 비유들 가운데 최고봉이라고 평가했다. 푹스(E. Fuchs)에 따르면, 마태복음의 메시지는 '포도원 품꾼의 비유'에 이르러서 마침내 그 정점에 이른다고 했다.

'포도원 품꾼의 비유'를 향해 명사들이 내놓은 일련의 찬사에도 불구하고, 이 비유는 '불의한 청지기의 비유'(눅 16:1-13), '혼인잔치의 비유'(마 22:1-14)와 함께 현대의 성경 독자들이 이해하기 어려운 3대 난해 비유로 손꼽힌다. '포도원 품꾼의 비유'에는 분명 현대인들이 그들의 이성적 사고로는 감히 접근할 수 없는 거대한 장벽이 있다. 그런 면에서 현대의 성경 독자들에게 '포도원 품꾼의 비유'는 실로 '가까이하기에는 너무 먼 비유'다.

그렇다면 예수님이 말씀하신 '포도원 품꾼의 비유'와 현대의 성경 독자들 간에 놓인 장벽은 과연 무엇일까? 그것은 '포도원 품꾼의 비유'가 제시하는 교훈적 메시지가 현대인들에게는 불문율로 여겨지는 경제 정의, 또는 노사 관계의 원칙과 정면으로 충돌한다는 것이다.

예수님의 비유와 그것을 읽는 현대의 성경 독자들 간에는 역사적, 지리적, 그리고 문화적 간극이 거대하게 존재한다. 하지만 이 모든 것을 감안하더라도 '포도원 품꾼의 비유'는 예수님의 다른 비유들과는 다른 뭔가가 있다. 좋게 표현하면 '특별하고', 나쁘게 표현하면 '꺼림칙하다'. 현대의 성경 독자들이 '포도원 품꾼의 비유'가 던지는 메시지를 액면 그대로 받아들이기에는 왠지 가슴속에 풀리지 않는 응어리와 체증이 남기 때문이다.

정의란 무엇인가?

가슴속에 풀리지 않는 응어리와 체증이라! 이를 좀 더 속 시원하고 화끈하게 표현해 보자. 《열린다 비유》 시리즈의 앞선 두 권에서 다룬 바 있는 '선한 사마리아인의 비유'와 '돌아온 탕자의 비유'와 비교해서 설명하는 게 좋을 것 같다. 두 비유는 당시의 정황에 대한 배경 지식이 전혀 없는 문외한이 읽더라도 현대인의 심금을 울리는 확실한 감동이 있다. 그리고 설득이 된다.

생면부지의 여행객을 위해 자신의 모든 것을 희생하며 도와주는 사마리아인은 현대 사회에서도 '선한 이웃'의 롤 모델이며, 각박한 현실을 이겨 내느라 지친 현대인들의 마음을 훈훈하게 해주는 인물이다. 아울러 '참된 이웃이란 누굴까'에 대한 고민과 함께 다음과 같은 작은 다짐과 결단을 하도록 돕는다.

'그래, 나도 오늘 하루만큼은 선한 사마리아인처럼 좋은 이웃이 되어 볼까? 지하철 안에서 〈어메이징 그레이스〉를 하모니카로 불며 지나가는 가난하고 소외된 이웃에게 지갑을 열어 통 크게 지폐를 한 장 쥐어 줘야지!'

'돌아온 탕자의 비유'는 어떤가? 가슴에 대못을 박고 집을 뛰쳐나간 탕자 아들을 아무런 조건 없이 받아들이고 용서하는, 그리고 그런 아들을 위해 성대한 잔치를 베푸는 아버지의 사랑은 감정이 메말라서 웬만해서는 눈물을 흘리지 않는 현대인들의 가슴까지도 뭉클하고 울컥하게 만드는 강력한 감동이 있다.

수년 전 한국이 IMF 경제위기로 힘들어할 때, 현직 경찰관 출신의 작가가 쓴 《아버지》라는 소설이 출판계를 강타한 적이 있다. 소설 《아버지》는 한국의 수많은 독자들을 폭풍 눈물의 현장 속으로 몰아넣었다. 당시 한의원에서 이 책을 읽던 나도 혼자서 흐느끼다가 마침내 오열을 하면서 엉엉 운 기억이 있다. 카운터에 있던 간호사가 갑자기 무슨 일인가 하고 화들짝 놀라 원장실로 뛰어 들어왔고, 그 책을 빌려 간 간호사에게도 곧 똑같은 사태가 벌어졌다.

'돌아온 탕자의 비유'를 읽는 현대의 성경 독자들은 소설 《아버지》를 읽었을 때와 비슷한 감동을 받는다. 그리고 자식은 아버지에게, 또 아버지는 자식에게 좀 더 살갑게 해주어야겠다는 다짐을 하게 된다.

현대의 성경 독자들이 앞선 두 개의 비유를 읽고 느끼는 감동과 작은 다짐들을 위해 굳이 자기 옆에 탁월한 비유 해석자를 앉혀 놓을 필요는 없다. 옆에서 거드는 해석자의 친절한 도움이 되레 거추장스러울 수 있기 때문이다.

그러면 이 책에서 집중적으로 다루고자 하는 '포도원 품꾼의 비유'로 다시 화제를 돌려 보자. 이 비유를 읽은 현대의 성경 독자들에게서 나타나는 즉각적인 반응은 대충 이렇다.

"뭐 이래? 세상에 뭐 이런 비유가 다 있어? 정말 예수님이 이 비유를 말씀하신 게 맞아?"

앞선 두 개의 비유에서처럼 심금을 울리는 감동은커녕 되레 반발심만 커진다. 성경과 친해지고 싶었으나 오히려 이 비유를 통해 예수님을 오해할 수 있다. '포도원 품꾼의 비유'를 깊이 생각할 것도 없이 한 번 쭉 읽어 내려간 현대의 성경 독자들 마음속에선 뭔가 용트림하듯이 의구심들이 꿈틀거린다.

포도원 문을 닫기 한 시간 전에 '짠' 하고 나타나 1시간밖에 일하지 않은 품꾼과 새벽부터 리크루팅(recruiting)되어 꼬박 12시간을 뼈 빠지게 일한 품꾼이 모두 한 데나리온의 일당을 받았다. 이것이 과연 공정한가? 천국에서 통하는 임금(salary)의 법칙이 이런 것이라면, 과연 천국에 '정의'가 존재하는가? 2010년 한 해 동안 《정의란 무엇인가》란 책을 통해 우리 사회에 화두를 던진 '정의'의 문제까지 들먹이며 분을 삭이지 못한다.

포도원 주인은 천국의 모델인가, 악덕 고용주의 모델인가

이렇게 시작된 현대 성경 독자들의 의구심은 멈출 줄 모르고 계속된다.

성실히 일한 품꾼이 정당해 보이는 하소연을 늘어놓은 것에 대해 포도원 주인은 참으로 퉁명스럽고 위압적인 태도로 반응한다.

"내 돈 가지고 내 맘대로 쓰는데 무슨 잔소리가 많아!"

뭐, 이런 고용주가 다 있나 싶을 것이다. 도대체 말이 통하지 않는 고용주다. 그런데 예수님은 이렇게 몰상식한 포도원 주인을 내세우면서 천국은 마치 그런 사람과 같다고 말씀하신다. 도통 이해가 되지 않는다. 갑자기 머릿속이 뜨끈뜨끈해지고 김이 모락모락 난다.

과연 포도원 주인은 '천국'의 모델이 될 수 있는가? 혹시 노동자를 착취하고 조롱하고 제멋대로 휘둘러대는 '악덕 고용주'의 모델은 아닐까?

포도원 주인이 천국의 모델이라면 문제가 보통 심각한 게 아니다. 천국에서는 1시간만 달랑 일하나, 12시간을 꼬박 일하나 똑같이 한 데나리온의 일당을 받는다. 그렇다면 누가 열심히 일하겠는가? 예수님은 '절대 다수의 절대 평등'을 주장하는 공산주의 지지자인가? 혹시 현대인들이 그토록 숭상하는

자본주의의 적? 그럼 예수님도 좌빨이나 용공?

이런 의구심들이 꼬리에 꼬리를 무는 사이 현대의 성경 독자들은 자기도 모르게 삼천포로 빠지고 만다. '포도원 품꾼의 비유'를 접하는 현대의 성경 독자들이 갖는 이런 의구심들은 과연 정당한가? 성경을 대하는 그들의 자세가 진지하지 않고 애초부터 '삐딱선'을 탔기 때문인가, 아니면 그들이 신학적 베이스가 없는 아마추어 평신도들이라서 어쩔 수 없는 것인가? 하지만 '포도원 품꾼의 비유'를 해석한 내로라하는 신학자들의 면면을 살펴본다면 이런 질문들은 이내 꼬리를 감추게 된다.

헤르조그 박사(W. Herzog)는 자신의 책 《예수의 비유들》(The parable of Jesus)에서 '포도원 품꾼의 비유'에 대한 자신만의 독특한 해석을 제시하고 있다. 헤르조그 박사는 '포도원 품꾼의 비유'를 바르게 해석하기 위해서는 비유의 도입부인 1절 말씀을 생략해야 한다는 파격적인 주장을 한다.

그의 해석에 따르면, 이 비유는 애초부터 하나님의 선하심보다는 이 땅의 포도원 주인, 즉 지주들의 악랄함과 횡포을 지적하려는 데 초점이 있었다는 것이다. 따라서 이 같은 해석이 설득력 있으려면 비유의 도입부인 1절 말씀을 과감히 생략해야 한다는 것이다. 왜냐하면 이 땅에서 흔히 볼 수 있는 사악한 지주(현대인에게는 고용주)를 뭇 그리스도인들이 흠모하는 마음의 본향인 천국과 동일시할 수 없기 때문이다.

> "천국은 마치 품꾼을 얻어 포도원에 들여보내려고 이른 아침에 나간 집 주인과 같으니"(마 20:1).

그의 파격적인 해석을 몇 가지로 요약해 보겠다.

첫째, 포도원 주인은 천국(하나님)이 아니라 착취를 일삼는 이 땅의 사악한 지주(고용주)를 대표한다.

둘째, 포도원 주인이 다섯 차례나 시장에 나타나 품꾼을 고용하는 것은 자신의 파워를 자랑하고 품꾼들을 조롱하기 위함이다. 품꾼 고용을 위해 청지기(집사)를 대신 보내는 게 상식인데, 비유에서는 포도원 주인이 직접 인력시장으로 행차하기 때문이다.

셋째, 처음부터 품꾼을 충분히 고용하지 않고 조금씩 불러 오는 포도원 주인의 의도는 자신의 막강한 파워를 가지고 힘없는 품꾼들을 제압하고 약올리려는 꼼수에 불과하다.

넷째, 첫 번째 그룹에게만 합법적인 하루 품삯인 한 데나리온을 제시하고 나머지 네 그룹에게는 일당을 제시하지 않고 두루뭉술 넘어간 것도 문제다. '일하고 싶으면 순순히 따라오고 말 테면 말라'는 식의 상당히 위압적인 자세가 느껴진다.

다섯째, 임금 지불 순서를 거꾸로 한 것도 첫 번째 그룹, 즉 새벽부터 일한 성실한 품꾼들에게 모욕감을 주고 이들의 노동력을 제멋대로 컨트롤하기 위한 계략에 불과하다.

헤르조그 박사의 해석은 새로우면서도 파격적이다. 그리고 상당한 신학자들이 헤르조그 박사의 이러한 해석을 지지하고 따른다. 그리고 그 중심에는 1960년대 후반 라틴아메리카에서 발생해 이후 한 시대를 풍미한 해방신학 계열의 신학자들이 서 있다. 그러면 '포도원 품꾼의 비유'를 이런 식으로 해석하는 게 옳은가?

만약 헤르조그 박사의 해석이 맞다면, 그리고 예수님이 이 비유를 말씀하신 본래 의도에 부합한다면 우리는 '포도원 품꾼의 비유'를 통해서 무슨 교훈을 얻어야 할까? 이 땅의 사악한 부르주아 지주층에 과감히 맞서서 프롤레타리아 혁명을 일으켜 사회 전복이라도 꾀해야 한단 말인가?

이런 해석은 억눌린 자의 가슴에 혁명의 불씨를 당길 수 있을지 모르지만, 만일 그 혁명이 성공하지 못한다면 그것이 우리에게 무슨 의미가 있으며 어떤 소망이 되겠는가? 하루하루 근근이 연명해 가는 품꾼의 모습 속에서 자신의 정체성을 발견한 성도들이라면 헤르조그 박사의 이런 해석은 매일의 삶에서 만나는 '육체적' 피로감에다 '심리적' 절망감까지 얹는, 차라리 안 들었으면 좋았을 해석에 지나지 않을 것이다.

포도원 주인은 이중인격자(?)

'포도원 품꾼의 비유'는 참으로 기이하다. 스토리가 난해해서가 아니다. 스토리만 본다면 앞선 두 개의 비유들보다 훨씬 단순하다. 구성도 다른 비유들과 흡사하다. '포도원 품꾼의 비유'가 기이하게 느껴지는 것은 전적으로 포도원 주인의 기이한 캐릭터 때문이다.

이상한 주인 때문에 성실하게 그리고 묵묵히 일한 품꾼들이 졸지에 나쁜 사람으로 몰린다. 기분이 상한 품꾼의 항변에 포도원 주인은 이렇게 대꾸한다.

"내 돈을 가지고 내 마음대로 하는데 네가 악하게 보느냐."

물론 주인의 이 말에는 틀린 구석이 하나도 없다. 자기 돈으로 밥을 하든, 죽을 쑤든, 누룽지를 만들든 타인이 간섭할 일이 아니다.

그렇다고 주인이 약속을 어긴 것도 아니다. 찬찬히 살펴보면 포도원 주인은 새벽부터 포도원에 들어온 품꾼들에게 하루 일당으로 한 데나리온을 약속했고 그 약속을 정확하게 지켰다. 문제는 한 시간밖에 일하지 않은 사람에게도 동일하게 한 데나리온을 주었다는 것이다.

계약이 어긋나서가 아니다. 계약은 정확하게 지켜졌다. 오히려 너무 칼같이 정확하게 지켜졌기 때문에 정당하지 않다고 생각되고, '쏴' 하니 서늘함이 느껴진다. '이성'은 주인이 계약을 이행했다는 사실에 수긍하지만, '감정'은 동료인 다른 품꾼을 향한 미묘한 시기심 때문에 주인에게 파도 같은 서운함을 느낀다. 서운함은 이내 모멸감으로 변하고 곧 활화산 같은 분노로 폭발한다.

'나를 의도적으로 무시하려는 게 아니라면 도대체 어떻게 저럴 수 있나?'

하루 종일 일한 품꾼은 모욕감을 느낀 것이다. 없이 사는 것도 서러운데, 이처럼 모욕감마저 느끼면 큰일이다. 가진 게 몸뚱어리밖에 없는 사람들이 지킬 건 자존심밖에 없지 않은가.

차라리 1시간밖에 일하지 않은 동료가 자신처럼 한 데나리온의 일당을 받은 사실을 몰랐다면 어땠을까? 하루 종일 일한 품꾼은 만족감을 느끼며 집으로 돌아갔을 것이다. 어쩌면 "보람 찬 하루 일을 끝마치고서…" 하며 흥겨운 콧노래까지 불렀을지도 모른다. 집에는 오늘도 허기진 배를 움켜쥐고 먹

보람차구나~

을것을 사 올 아버지만을 애타게 기다리는 떡두꺼비 같은 자식들과 토끼 같은 아내가 있지 않은가! 애써 다른 품꾼들의 품삯에 관심을 가지며 포도원에 남아 어슬렁거릴 하등의 이유가 없다.

그런데 주인은 해가 지자 품꾼들을 한 자리에 모아 놓고 가장 늦게 온 사람부터 일당을 지불했다. 전혀 예상 밖이다. 왜 포도원에 불려 온 순서와 정반대의 역순으로 품삯을 지불했을까? 하지만 모든 품꾼은 얼떨결에 이 광경을 주시하게 된다. 1시간밖에 일하지 않은 품꾼은 과연 얼마를 받을 것인가? 그들의 눈이 갑자기 휘둥그레진다. 그들에게 한 데나리온의 품삯이 주어진 것이다.

1시간밖에 일하지 않은 품꾼이 하루치 일당인 한 데나리온을 받았다면… 나는? 갑자기 나머지 품꾼들의 머릿속은 주판알 굴리는 소리로 요란해진다. 나머지 품꾼들은 저마다 계약에 없던 화끈한 보너스를 기대했을 것이다. 그 기대치는 새벽부터 와서 12시간을 꼬박 일한 품꾼이 가장 컸을 것이다. 이렇듯 김칫국부터 마신 품꾼들에게 문제가 있는가? 애초에 허파에 잔뜩 바람을 불어넣은 건 포도원 주인이 아니던가?

하지만 1시간밖에 일하지 않은 품꾼에게는 과분할 정도로 관대하던 포도원 주인이 다른 품꾼들에게는 지나칠 정도로 까칠한 '까도남'으로 돌변한다.

혹시 포도원 주인은 이중인격자인가? 아니면 하루에도 변덕이 수시로 죽 끓듯 하는 변덕쟁이인가? 아무리 봐도 하루 종일 뼈 빠지게 일한 품꾼들의 항변과 불만은 정당해 보인다. 품꾼은 그저 품꾼이지 성인군자가 아니지 않은가?

천국은 '포도원'인가, 아니면 '포도원 주인'인가?

'포도원 품꾼의 비유'에서 분쟁을 일으킨 장본인은 명백하게 포도원 주인이다. 문제의 발단은 포도원 주인에게 있다. 그런데 진짜 문제는 예수님이 '포도원 품꾼의 비유'를 이렇게 시작하신다는 데 있다.

> "천국은 마치 품꾼을 얻어 포도원에 들여보내려고 이른 아침에 나간 집 주인과 같으니"(마 20:1).

천국이 이렇게 이상한 포도원 주인과 같다니! 갑자기 심기가 불편해진다. 카렌 레바크즈 박사(Karen Lebacqz)가 '포도원 품꾼의 비유'를 설명하면서 다음과 같은 재미있는 화두를 던진 것도 충분히 이해가 간다.

'정의, 경제, 그리고 심기가 불편해지는 천국!'

혹자는 이렇게 말할지도 모른다.

"그러니까 비유지. 단지 이야기일 뿐이야. 괜히 실제인 양 감정이입해서 흥분할 필요가 없다고."

물론 이런 충고도 전혀 틀리진 않다. 비유는 실제적 삶의 모습을 배경으로 하지만 꾸며 낸 가상의 스토리에 불과하다. 1세기 유대인 청중이 매일의 삶에서 이렇게 기이한 포도원 주인을 만날 가능성은 매우 희박하다. 그러면 문제가 해결된 것인가? 물론 그렇지 않다.

이런 식의 충고는 결코 '포도원 품꾼의 비유'를 진지하게 묵상하려는 그리스도인들에게 전혀 설득력 있게 와 닿지 않는다. 예수님은 자신의 비유에서 이렇게 상식적으로 이해되지 않는 포도원 주인을 천국의 '커버 인물'로 등장시키셨기 때문이다.

신실한 그리스도인들은 이 요상 망측한 포도원 주인을 변호해야 한다는 왠지 모를 중압감마저 느낀다. '이런 포도원 주인이 하나님이라니! 우리가 섬기는 하나님이 이렇게 이상한 분이라니! 말도 안 돼!' 그러면서 나름 해결책을 찾아본다.

이런 동기에서 천국은 '포도원 주인'에서 갑자기 '포도원' 자체로 둔갑한다.

천국=포도원 주인(X)

천국=포도원(O)

여기서 좀 더 나아가 포도원은 오늘날의 '교회'를 상징하는 것으로 '영해'(靈解)되고 알레고리화된다. 이것이 우리가 그동안 주일 설교 시간에 들어 왔던 '포도원 품꾼의 비유'에 대한 익숙한 해석이다.

"세상에서는 사람들이 수고와 헌신의 대가를 받는다. 많이 수고하면 많이 받고 적게 수고하면 적게 받는다. 세상에서는 공짜가 없다. 하지만 교회는 세상과 다르다. 교회는 수고하고 헌신한 분량만큼 대가를 받는 곳이 아니다. 교회에서는 헌신의 대가로 물질적인 화폐가 주어지는 것도 아니다. 하나님이 주시는 무형의 기쁨이 대가로 주어지는 것이다."

이쯤 되면 포도원 주인의 기이한 캐릭터는 은근슬쩍 가려진다. 불평하는 품꾼에게 호통을 친 포도원 주인은 오히려 도덕적이고 선한 사람으로 둔갑한다. 그리고 품꾼의 불평은 이유 있는 아우성에서 용납할 수 없는 사악한 범죄로 바뀐다. 그리고 강대상에서는 목사님의 열변을 토하는 메시지가 이어진다.

"교회 안에서는 남보다 더 수고했다는 우월의식과 자만심, 그것을 철저하게 버려야 합니다. 오직 주님만 바라보고 묵묵히 순종하고 헌신합시다!"

신실한 성도들은 설교를 듣고 자신의 내면을 돌아보면서 찔림을 받는다. 그러곤 이렇게 자신을 채찍질한다.

'그래, 내 마음속에 있는 불평하는 마음을 회개해야 돼. 범사에 감사해야 하는데 그게 잘 안 된단 말이야.'

이런 채찍질 끝에선 늘 깊은 탄식이 빠지지 않는다.

"주여!"

그리고 이 땅에서는 받을 수 없는 보상을 안타까워하면서 다음 말씀을 읊조리며 자신을 달랜다.

> "이와 같이 나중 된 자로서 먼저 되고 먼저 된 자로서 나중 되리라" (마 20:16).

하지만 이러한 영해는 결코 '포도원 품꾼의 비유' 자체가 우리에게 안겨 주는 당혹감을 해결해 주지 못한다. 예수님은 분명 포도원 주인이 천국과 같다고 설정하셨다. '포도원 품꾼의 비유'의 설정은 본래 스토리텔러이신 예수님의 말씀에 맞게 다시금 교정되어야 한다.

천국=포도원 주인(O)

천국=포도원(X)

천국을 포도원으로, 포도원을 다시 교회로 바꾸는 알레고리적 해석은 단지 포도원 주인의 기이한 캐릭터를 가리기 위한 목적에서 생겨난 꼼수요 고육지책에 지나지 않는다. 자, 그러면 이 난관을 어떻게 해결해야 할까? 과연 해결책이 있긴 할까?

'포도원 품꾼의 비유'가 난해한 진짜 이유는?

'포도원 품꾼의 비유'를 접하면서 현대의 성경 독자들이 느끼는 이러한 당혹감과 궁색함을 해결하기 위해서는 예수님의 비유들이 갖고 있는 본질을 다시금 음미해 볼 필요가 있다. '급할수록 돌아가야' 하는 것이다.

비유란 무엇인가? 비유는 '천상의 의미를 가진 지상의 스토리'다. 예수님은 1세기 유대인 청중이 매일의 삶에서 접하는 친숙한 소재들을 통해 천상의 세계를 넌지시 설명하신다. 그것이 예수님의 비유가 갖고 있는 정의(definition)요 본질(essence)이다. 이런 사실을 되새길 때, 우리는 예수님의 비유가 언뜻 쉽고 단순해 보이지만, 깊이 들어가면 결코 만만치 않게 어려운 것임을 알게 된다. 이것이 예수님의 비유가 태생적으로 지니고 있는 양면성이요 이중성이다.

비유는 우리가 이 땅에서 흔히 접하는 무언가를 소재로 삼기 때문에 친근하고 단순해 보인다. 하지만 비유를 통해 예수님이 궁극적으로 가리키고자 하는 타깃은 이 땅의 그것이 아니라 천국, 즉 천상의 세계다. 예수님의 집게 손가락이 가리키는 지상의 그 무엇이 중요한 게 아니다. 나머지 네 손가락이 가리키는 천상의 그 무엇이 중요한 것이다. 그래서 예수님의 비유는 쉽고 단순하지만, 동시에 신비롭고 비밀스럽기까지 하다.

예수님의 비유를 따라가는 여행은 이 땅의 친근한 소재를 '출발지'로 하지만 신비롭고 비밀스런 천국을 그 '종착지'로 하는 실로 어메이징(amazing)한 여행이다. 또한 수시로 지상의 세계와 천상의 세계를 오가는 롤러코스터를 타야 하기 때문에 스릴과 서스펜스를 만끽할 수 있는 익사이팅(exciting)한 여행이다.

예수님은 비유를 통해 우리를 어떻게 롤러코스터를 타는 것 같은 여행으로 인도하시는가? 그것은 예수님의 비유가 이 땅에서 접하는 친근한 소재에서 출발하지만 그 소재들이 자못 범상치 않다는 데 있다.

'선한 사마리아인의 비유'에 나오는 등장인물은 모두 현실 속의 인물이지만 비유 속에서 사마리아인이 보여 준 행동은 가히 충격적이다. '과연 인간 세상에서 이렇게 희생적인 사랑을 실천하는 사람이 존재할까?' 하는 의구심이 들 정도로 예수님이 비유 스토리에서 만들어 낸 캐릭터들은 확실히 청중의 상상과 이해를 초월한다. 현실에서 쉽게 보는 인물들이지만 동시에 현실과는 동떨어진 판타지한 인물들이 수두룩하게 등장한다.

'돌아온 탕자의 비유'에서는 어떠한가? 등장인물인 아버지와 두 아들은 일상에서 쉽게 접할 수 있는 평범한 가정의 부자들이다. 하지만 자식을 가부장적인 권위로 휘두르던 당시의 통상적인 아버지의 모습과 달리 탕자를 맞이하는 비유 속의 아버지는 현실의 세계에서는 도저히 찾아볼 수 없는 캐릭터다.

그렇다. 이건 다분히 '깜짝 쇼'이고 청중이 정신 못 차리게 만드는 '충격요법'이다. 물론 그 기획자는 스토리텔러이신 예수님이다. 이런 깜짝 쇼와 충격요법은 언뜻 단순해 보이는 예수님의 비유 속에 숨겨진 신비를 캐내기 위한 중요한 실마리가 된다. 아울러 이런 깜짝 쇼와 충격요법은 비유를 듣는 청중을 롤러코스터 여행으로 인도한다. 청중은 아찔한 현기증을 느끼며 때로는 손으로 두 눈을 가리고 젖 먹던 힘을 다해 고함을 지른다. 그렇게 한바탕 현기증을 느낀 후에 가만히 눈을 뜨고 나면 우리 앞에 천상의 세계가 찬란하게 펼쳐진다.

예수님은 이처럼 '비유'라는 수사학적 기법을 통해, 실제 삶의 평범한 인물과 소재를 등장시키면서 종국에 가서는 우리에게 신비한 천국의 비밀을 소개하고 있는 것이다. 때로는 자신의 원수에게까지도 희생적인 사랑을 보이는 사마리아인이 천국(하나님)의 상징이 된다. 때로는 가슴에 대못을 박고 뛰쳐나간 탕자를 조건 없이 받아들이는 아버지가 그 바통을 잇는다.

이상에서 언급한 비유의 전반적인 속성을 볼 때, '포도원 품꾼의 비유'도 앞의 두 비유들과 거반 다르지 않다. 포도원 주인과 그곳에서 일하는 품꾼이라는 주인공들도 비유를 듣는 1세기 유대인 청중에겐 전혀 낯설지 않은 캐릭터다. 하지만 비유 속의 포도원 주인은 현실 세계에서는 도저히 찾아보기 힘든 캐릭터다. 선한 사마리아인도 그랬고, 탕자를 맞이한 아버지도 그랬다. 이들은 현실 속의 인물이지만 스토리텔러이신 예수님이 꾸며 낸 가상의 캐릭터일 뿐이다.

예수님의 비유

그런데 유독 '포도원 품꾼의 비유'가 현대의 성경 독자들에게 당혹감을 주는 이유는 뭘까? 그 이유는 의외로 단순하다.

첫째, '포도원 품꾼의 비유'에는 앞의 두 비유에서와 같은 진한 감동과 윤리적 교훈이 부각되지 않는다. 아니, 그런 것은 전혀 없는 것처럼 보인다.

둘째, 세 비유에는 모두 역설적이고 비현실적인 캐릭터들이 등장한다. 하지만 앞의 두 비유에는 감동과 윤리적 교훈이 강하게 부각되면서 캐릭터들의 역설과 모순을 상당 부분 가려 주고 희석시켜 준다. 하지만 '포도원 품꾼의 비유'에서는 유독 메인 캐릭터의 역설과 모순만 부각된다. 겉으로 드러난 감동과 교훈이 없기 때문이다.

물론 '포도원 품꾼의 비유'에도 감동과 교훈은 존재한다. 다만 철저하게 숨겨져 있을 뿐이다. 숨겨진 그것을 찾아내기 위해서는 현대의 해석자의 자리를 벗어나 철저하게 1세기 유대인 청중의 자리로 비집고 들어가 앉아야 한다.

위에서 언급한 두 가지 사실은 '포도원 품꾼의 비유'가 현대의 성경 독자들에게 단지 역설과 모순으로만 와 닿고, 아무리 설교를 듣고 '아멘'으로 화답해도 영 개운하지 않고 울렁증까지 일으키는 원인이다.

'포도원 품꾼의 비유'가 아니라 '포도원 주인의 비유'가 맞다

앞의 두 비유에서처럼 '포도원 품꾼의 비유'도 현세적 관점에서 본다면 역설과 모순투성이인 포도원 주인이 주인공이다. 주인은 분명 비상식적으로 품꾼을 대하고 있다. 거의 일을 하지 않은 사람에게는 너무나 관대하고, 열심히 일한 사람에게는 지나치게 까칠하게 대한다. 그리고 결국은 품꾼들의 분노를 초래한다. 포도원을 다른 사람에게 넘기거나, 오늘 당장 포도원의 문을 닫을 생각이 아니라면 몰라도 포도원 주인의 이런 행동은 어느 모로 보나 기이하다.

하지만 언뜻 비상식적이고 비윤리적으로 보이는 포도원 주인을 비유 속의 캐릭터로 제시한 사람은 다름 아닌 스토리텔러이신 예수님이다. 만약 우리가 포도원 주인을 억지로 합리적이고 상식적인 사람으로 채색하려는 순간 스토리텔러이신 예수님이 이 비유를 통해 본래 의도하시던 바가 흐려지고 만다. 비상식적인 포도원 주인을 억지로 변호하려는 순간, 애초에 비유를 통해 예수님이 말씀하시고자 한 메시지가 크게 훼손되고 만다. 그런 점에서 포도원 주인의 기이한 태도, 품꾼들을 의도적으로 도발하는 듯한 포도원 주인의 모습은 그대로 유지되어야 한다.

따라서 포도원 주인의 기이한 태도가 '포도원 품꾼의 비유'를 이해하는 핵심 포인트다. 언뜻 보면 선하지도 않고 공정하지도 않으며 착취하는 고용주처럼 보이는 포도원 주인! 아울러 너무나 억울하고 이유 있는 항변을 하고 있는 것 같은 포도원 품꾼! 하지만 예수님은 비유의 결론에서 정반대의 판결을 내리신다. 포도원 주인은 지극히 선하고 포도원 품꾼은 참으로 악한 자라는 것이다.

"내가 선하므로 네가 악하게 보느냐"(마 20:15).

이것은 분명한 패러독스요 아이러니다. 하지만 이 패러독스와 아이러니를 제대로 간파하고 그 속에 숨겨진 의미를 파헤치는 것만이 이 비유를 말씀하신 예수님의 의도에 가장 가깝게 다가가는 길이 될 것이다. 안타깝게도 '포도원 품꾼의 비유'에 대한 많은 해석들은 비유를 말씀하신 예수님의 본래 의도에서 벗어나 있다. 전문가들도 그런 오류를 범했다는 점에서 '포도원 품꾼의 비유'는 확실히 난해 비유에 속한다.

아직도 우리의 마음속에 포도원 주인이 이상한 사람이고 불평하는 품꾼을 향한 일말의 동정과 변호하는 마음이 있다면, 우리는 여전히 '포도원 품꾼의 비유' 주변을 겉돌고 있는 것이다. 분명한 모순을 마치 모순이 아닌 것처럼 억지로 받아들여서는 안 된다. 그럴 경우 강하게 억눌린 용수철이 그만큼의 탄성을 갖는 것처럼 결국 우리 영혼의 깊은 곳에도 응어리와 체증이 남게 된다.

언뜻 이상하게 보이는 포도원 주인, 하지만 그가 지극히 선하고 긍휼이 많은 사람이라는 사실이, 그리고 주인에게 불평하는 품꾼들이 '충분히 그럴 수도 있지'가 아니라 사실은 악한 자라는 것이, 그것도 심히 악하다는 것이 이 비유의 결론이다. 이 결론이 단순히 머리로뿐만 아니라 가슴으로도 느껴질 때 우리는 비로소 '포도원 품꾼의 비유'를 제대로 이해한 것이다. 그때 우리는 무릎을 치며 자신도 모르게 이런 탄식이 나올 것이다.

"아하, 그렇구나!"

이상한 포도원 주인이 천국의 모델이 될 정도로 선하고 긍휼이 많은 사람이라는 사실을 깨닫기 위해서는 앞선 두 개의 비유들에서 그랬던 것처럼 현대의 성경 해석자가 아니라 1세기 유대인 청중의 자리로 비집고 들어가 앉아야 한다. 아울러 예수님의 비유가 갖고 있는 본질처럼 천상과 지상의 세계를 수시로 왕복하는 셔틀 여행을 해야 한다. 이제 본격적으로 '포도원 품꾼의 비유'가 우리에게 안겨 주던 응어리와 체증을 뻥 뚫어 줄 셔틀 여행을 출발해 보자.

이번 장을 마치면서 나는 한 가지 중요한 사실을 지적하고 싶다. 전통적으로 이 비유에 붙여진 '포도원 품꾼의 비유'란 제목은 사실 비유를 말씀하신 예수님의 의도에서 벗어난 잘못된 제목이라는 것이다. 품꾼의 불평과 억울함이 비유를 읽는 독자들에게 십분 공감되었기 때문인지, 포도원 주인에게 향해야 할 관심과 초점이 품꾼에게로 비껴 간 듯하다.

앞서 수차례 강조했듯이, 이 비유의 초점과 핵심은 기이하게 보이는 포도원 주인에게 있다. 그러므로 '포도원 주인의 비유'란 제목이 예수님의 본래 의도에 부합할 것이다. 그럼에도 나는 앞으로도 계속해서 '포도원 품꾼의 비유'란 제목을 사용할 것이다. '돌아온 탕자의 비유'에서도 그랬던 것처럼 역시 인간은 관성과 관습의 법칙에서 자유로워지는 것이 쉽지 않기 때문이다.

chapter

02

포도원 품꾼은 누구인가?

성서시대의 경제, 절망적인 너무나 절망적인…

비유에 나오는 품꾼은 고대의 피라미드 사회 구조에서 가장 밑바닥을 차지하던 최하류층이었다. 이들의 숫자는 만만치 않게 많았다. 극소수 부유층의 재산 목록에 포함되어 그들의 은덕을 입고 살아가던 노예들이 차라리 품꾼보다 훨씬 나았다. 노예들은 자신의 주인이 파산하지 않는 한 최소한 굶거나 헐벗게 될 염려는 없었기 때문이다.

'포도원 품꾼의 비유'는 1세기 유대인 청중에게는 무척이나 낯익은 공간인 포도원을 배경으로 전개된다. 낯익은 공간인 포도원, 그곳에 등장하는 주인공도 달랑 포도원 주인과 품꾼들밖에 없다. 참으로 심플하다. 물론 나중에 품삯을 지불하기 위해 청지기가 잠깐 모습을 드러내지만, 청지기의 존재란 애초부터 엑스트라에 가깝고 비유 속에서 그의 존재감은 거의 느껴지지 않는다. 단지 품꾼이 한 명이 아니라 여러 명이라는 사실, 주인이 그런 품꾼들을 고용하기 위해 다섯 차례나 인력시장을 왔다 갔다 한다는 사실, 언뜻 보면 비유의 스토리는 무척이나 단순하고 지루한 설정으로 출발하고 있다.

포도원 품꾼의 비유와 비교하면 '선한 사마리아인의 비유'는 제사장, 레위인, 사마리아인 등 당대에 각 진영의 대표주자들이 주인공으로 등장한다는 점에서 그야말로 초호화 캐스팅이다. '돌아온 탕자의 비유'도 아버지, 첫째 아들, 둘째 아들로 스포트라이트가 쉬지 않고 옮겨 가기 때문에 박진감 넘치는 구조를 갖고 있다.

언뜻 단순해 보이는 '포도원 품꾼의 비유'(마 20:1-15)를 분석해 보면 다음 네 개의 단락으로 이루어졌다고 볼 수 있다. 연극으로 꾸민다면 이렇게 4개의 서로 다른 무대가 펼쳐질 것이다.

제1막 일련의 고용 행위(마 20:1-7)
제2막 일당 지불(마 20:8-10)
제3막 품꾼들의 불평과 불만(마 20:11-12)

제4막 주인의 자기변호(마 20:13–15)

'포도원 품꾼의 비유' 자체만 놓고 본다면 위에서 분석한 구조로도 충분하다. 하지만 '포도원 품꾼의 비유'를 유심히 살펴보면 구조 면에서 재미난 사실을 발견할 수 있다. 바로 이 비유를 앞뒤에서 감싸고 있는 경구다. '포도원 품꾼의 비유'는 다음에 나오는 두 경구 사이에 샌드위치처럼 끼워진 재미난 구조를 하고 있다.

> "그러나 먼저 된 자로서 나중 되고 나중 된 자로서 먼저 될 자가 많으니라"(마 19:30).
>
> 포도원 품꾼의 비유(마 20:1–15)
>
> "이와 같이 나중 된 자로서 먼저 되고 먼저 된 자로서 나중 되리라"(마 20:16).

우리는 위에서 제시한 네 개의 무대를 따라서, 전작인 두 권에서도 그랬던 것처럼 한 절 한 절씩 비유의 스토리를 풀어 나갈 것이다. 이번 장에서는 포도원 주인이 5차에 걸쳐 행한 고용에 대해 집중적으로 파헤쳐 보고자 한다. 일명 '품꾼 찾아 삼만 리'란 소제목을 붙여도 좋은 포도원 주인의 지속적인 품꾼 리크루팅(recruiting)! 그 안에 숨겨진 문화적 세팅이 이번 장에서 집중적으로 다루고자 하는 주제다.

포도원: 비유를 위한 친숙한 배경

포도는 밀과 함께 이스라엘을 대표하는 작물이다. 아래 신명기 말씀은 이스라엘의 대표 작물 7개를 차례로 열거하고 있는데, 이 중 2개는 곡식이고 5개는 과실이다. 이스라엘에서 '밀'은 곡식의 대표이고, '포도'는 과실의 대표주자 격이다.

> "밀과 보리의 소산지요 포도와 무화과와 석류와 감람나무와 꿀의 소산지라"(신 8:8).

이스라엘 사람들은 평지에서는 밀과 보리와 같은 곡식을 재배했고, 산지에서는 포도나 올리브를 주로 키웠다. 포도는 수분이 부족하고 돌이 많은 척박한 이스라엘 산지에서도 잘 자랐기 때문에 웬만한 산등성이에는 포도원이 자리를 잡았다.

주로 평지가 아닌 척박한 산지에 거주한 이스라엘 백성은 어디서나 쉽게 포도원을 볼 수 있었고 그 소산물인 포도주를 마실 수 있었다. 물이 부족한 광야 이스라엘에서 포도주는 현대인들이 생각하듯 알코올이 아니라 단지 음료수에 불과했다. 이는 독일 사람들이 맥주를 음료수처럼 마시는 것과 흡사하다.

예수님의 비유 가운데 유독 포도원과 포도(혹은 포도주)를 소재로 한 스토리가 많이 나오는 것은 이 때문이다. '포도원 품꾼의 비유'를 듣는 청중 가운데 상당수는 그날 오전에도 밀빵을 씹으며 컬컬한 목을 축이기 위해 포도주를 한두 잔 마셨을 것이다. 어쩌면 예수님은 포도원 옆을 지나시면서 '포도원 품꾼의 비유'를 말씀하셨는지도 모른다. 무엇보다 청중 가운데 상당수는 포도 수확기처럼 갑작스레 일손이 많이 필요해지는 기간에는 한 번 이상 포도원에 불려 가 품꾼으로 일해 본 경험이 있을 것이다.

• 산등성이의 올리브 나무 과수원

이것은 이스라엘의 농경 사이클과 관련이 있다. 이스라엘 농부들은 보리 추수(4월)와 밀 추수(5월)를 마치고 나면 10월에 이른 비가 내려 새로운 농경 사이클이 시작될 때까지 5개월간의 긴 농한기에 들어간다. 이 시기에 무르익는 것이 올리브, 포도와 같은 과실이다. 자기 소유의 과수원이 따로 없는 이스라엘 농부들이라면 올리브 과수원과 포도원에 불려 가 품꾼으로 일하며 부족한 생활비를 벌었을 것이다.

예수님의 다른 비유들이 그랬던 것처럼 '포도원 품꾼의 비유'도 비유를 듣는 1세기 유대인 청중이 실제 삶에서 친숙하게 접하던 소재와 환경에서 출발하고 있는 것이다.

바보야, 문제는 경제야!

'포도원 품꾼의 비유'는 포도원 주인이 한 데나리온의 품삯을 약속하고 품꾼을 리크루팅(recruiting)하는 데서 시작한다.

> "천국은 마치 품꾼을 얻어 포도원에 들여보내려고 이른 아침에 나간 집 주인과 같으니 그가 하루 한 데나리온씩 품꾼들과 약속하여 포도원에 들여보내고"(마 20:1-2).

그러면 비유에 등장하는 '품꾼'은 과연 누구일까? 품꾼이란 직업은 1세기 이스라엘 사회에서 어떤 위치를 차지했을까?

고대 사회는 동서양을 막론하고 절대 다수의 빈곤층과 극소수의 부유층으로 이루어져 있었다. 현대 사회처럼 두터운 중산층이 두 계층 사이에서 완충 역할을 한 것이 아니다. '중산층'으로 불리는 폼 나는 계층이 혜성처럼 등장한 시점은 겨우 근대의 여명이 밝아 오면서부터다. 산업혁명으로 생산량이 급속히 증가하면서 근대화 이전에는 극소수의 부유층에게만 집중되던 잉여의 생산물을 빈곤층의 일부가 나눠 갖기 시작했는데, 그들을 중심으로 '중산층'이라 불리는 새로운 사회 계층이 등장한 것이다.

고대 사회에서 절대 다수를 이루던 빈곤층! 그들에게 가장 시급한 문제는 당장 다음 끼니를 어떻게 해결하느냐였다. 그들에게 배고픔의 문제는 현대인들이 생각하듯 배불리 먹고, 맛있는 것을 먹는 '고차원'적인 것의 결핍이 아니었다. 단지 배고픔을 잊을 만큼의, 그러니까 생존을 위한 최소한의 식량을 확보하려는 참으로 '저차원적'이지만 절실한 문제였던 것이다.

고대 사회의 빈곤층이 매일의 삶에서 당면하던 배고픔의 문제를 산더미처럼 쌓이는 음식물 쓰레기로 인해 골머리를 앓는 현대인들이 과연 이해할 수 있을까? 아마 경험해 보지 않고는 죽었다 깨어나도 이해하기 어려울 것이다. 그러나 예수님의 말씀을 듣고 있던 무리 중 상당수가 이런 절대 빈곤에 처한 사람들이었을 것이다. 이들을 괴롭히던 참혹하고 절망적인 가난을 이해할 때 우리는 예수님의 말씀을 새롭게 이해할 수 있다.

"그러므로 내가 너희에게 이르노니 목숨을 위하여 무엇을 먹을까 무엇

앵-
글쎄다...
아빠
산이야?
음식물 쓰레기
음식물 쓰레기
음식물 쓰레기
음식물 쓰레기
쓰레기

을 마실까 몸을 위하여 무엇을 입을까 염려하지 말라"(마 6:25).

한편 주기도문을 가르치면서 일용할 양식을 위한 기도를 빠뜨리지 않으신 것도 따지고 보면 예수님의 사려 깊은 배려라 할 수 있다.

"오늘 우리에게 일용할 양식을 주시옵고"(마 6:11).

예수님은 자신을 따르는 무리에게 거룩한 것, 영적인 것, 하늘의 것만을 위해서 기도하라고 하신 것이 아니다. 무리에게 현실적으로 가장 절박한 지상 과제였던 빵 문제를 위해서도 기도하라고 가르치신 것이다.

1세기 유대인들에게는 다른 어떤 기도 제목보다 '오늘 우리에게 일용할 양식을 주시옵고'라는 기도문이 가장 절박하게 와 닿았을 것이다. 이 부분을 읊조릴 때면 자기도 모르게 '주여!'라는 장탄식이 기도문의 전후에서 흘러나오지 않았을까 싶다.

"주여! 오늘 우리에게 일용할 양식을 주시옵고… 주여, 아버지!"

미래에 갑작스럽게 닥칠 우환에 대비해서 저축과 연금, 보험이라는 이중 삼중의 보호막으로 확실하게 무장하고 살아가는 현대인들! 그들은 과연 '우리에게 일용할 양식을 주시옵고'라는 기도문을 읊조리면서 무슨 생각을 할까? 분명 고대 사회의 빈곤층이 느끼던 그런 절박함은 아닐 것이다.

그런 면에서 현대인과 고대인의 삶의 특징을 이렇게 규정할 수도 있다.

주여!
일용한 양식을…
아버지!

현대인의 삶: 미래 지향적인 삶(future-oriented life)

고대인의 삶: 현재 지향적인 삶(present-oriented life)

현대인들은 자식이 태어나자마자 미래에 들어갈 대학 등록금을 위해 일찌감치 교육보험을 든다. 천신만고 끝에 직장에 들어가면 나중에 갑작스레 당하게 될 실직에 대비하기 위해 실직 보험부터 가입한다. 젊을 때는 안정적인 노후 생활을 꿈꾸며 노후 연금보험에 가입한다. 이런 것들은 현대인이라면

너무나 친숙한 라이프 플랜이다.

하지만 고대인들은 달랐다. 저축, 연금, 보험 따위는 이들이 접하는 매일의 삶에서뿐 아니라 그들의 무의식과 상상의 세계에서도 찾아보기 힘든 전혀 딴 세상의 이야기다. 당장의 배고픔을 해결하는 것이 1세기 이스라엘 땅에서 살아가던 민초들, 절대 빈곤층의 주된 관심사였기 때문이다. 이들의 입에서 나오는 찬송은 그저 단 하나였을 것이다.

"내일 일은 난 몰라요. 하루하루 살아요."

그러므로 성경을 이해하는 데 있어서도 '경제'가 매우 중요하다. 고대 사회의 경제와 현대 사회의 경제, 그 확연한 차이를 인식할 때 우리는 성경 속의 실제 현장에 보다 가깝게 다가갈 수 있는 것이다.

1992년 미국 대선에서 히트를 친 유행어가 있다. 당시 대선에서 빌 클린턴은 현직 대통령인 조지 부시를 누르고 승리를 거머쥐었는데, 승리의 비결이 바로 이 유행어 때문이었다고 한다.

"바보야, 문제는 경제야!"(It's the economy, stupid Bush!)

성경을 읽는 데도 마찬가지다.

"문제는 바로 경제야!"

고대의 품꾼은 현대의 비정규직 근로자(?)

'포도원 품꾼의 비유'는 이처럼 1세기 당시의 절망적인 사회 상황과 경제 상황을 그 배경으로 하고 있다. 아무리 능력 있는 노동자라도 일용직을 얻기 위해 인력시장을 서성거릴 수밖에 없던 것이 당시의 경제 상황이었다. 특별히 불경기여서가 아니었다. 그것이 고대 세계를 지배해 오던 항시적인 경제 상황이었던 것이다.

비유에 나오는 품꾼은 고대의 피라미드 사회 구조에서 가장 밑바닥을 차지하던 최하류층이었다. 이들의 숫자는 만만치 않게 많았다. 극소수 부유층의 재산 목록에 포함되어 그들의 은덕을 입고 살아가던 노예들이 차라리 품꾼보다 훨씬 나았다. 노예들은 자신의 주인이 파산하지 않는 한 최소한 굶거나 헐벗게 될 염려는 없었기 때문이다.

1세기 당시 날품팔이 품꾼은 노예보다 훨씬 많았다고 한다. 탈무드의 기록에 따르면, 예루살렘의 한 부자는 한 집에서 먹이고 재워야 하는 노예보다 필요할 때만 날품팔이 품꾼을 고용해서 자기가 탄 말의 고삐를 잡게 했다고 한다(b. Keth. 67b).

품꾼은 신분상으로는 분명 자유인이지만 실제로는 노예보다 못한 삶이 기약 없이 이어졌다. 품꾼들은 허리가 휘도록 하루 종일 일해 봤자 겨우 하루치 양식밖에 벌 수 없었다. 내일을 위해 아무것도 대비할 수 없고 믿을 만한 일자리가 보장된 것도 아니었다. 그날그날 일거리를 찾아 인력시장을 서성이고 배회해야 하는 가장 처참한 사람들이었던 것이다.

고대 사회에서 절박한 가난에 허덕이던 품꾼들, 그들을 주인공으로 하여 펼쳐지는 '포도원 품꾼의 비유'는 과연 현대인들에게 어떻게 적용될 수 있을까? 현대 사회에서 과연 아프리카 대륙을 비롯한 제3세계 사람들만 이처럼 절박한 가난에 시달릴까? 굳이 멀리 갈 것도 없이 오늘날 한국 사회를 비춰 본다면 어떨까? '포도원 품꾼의 비유'를 읽는 한국의 성경 독자들에게 이 비유는 어떻게 적용될까?

한동안 한국 사회에서는 비정규직 문제가 사회 문제로 비화된 적이 있다. '법정 최저 임금 인상', '최저 생계비', '비정규직의 정규직 전환' 등은 우리 사회의 어두운 단면을 보여 주는 화두였다. 1년씩 계약을 연장해야 하는, 실로 불안정한 삶에 그대로 노출된 현대의 비정규직 근로자들! 그들을 하루하루 연명하던 1세기 이스라엘 사회의 품꾼들과 그대로 대비시키는 데는 분명 무리가 따를 것이다.

하지만 고대의 품꾼들과 현대의 비정규직 근로자들을 짓누르는 빈곤의 문제는 단지 산술적으로 따진다면 큰 차이가 있겠지만, 심리적인 면에서 본다면 크게 차이가 나지 않을 것이다. 왜냐하면 절대적 빈곤 못지않게 상대적 빈곤과 박탈감은 우리에게 엄청난 고통을 안겨 주기 때문이다.

오늘날 우리 사회에서도 '포도원 품꾼의 비유'를 읽으면서 비유 속의 품꾼과 자기 자신을 동일화하며 함께 분노하고 함께 기뻐하는 사람들이 적지 않으리라 여겨진다. 품꾼으로 자신의 정체성을 확인하면서 비유 속 품꾼의 상황 속에 흠뻑 빠져서 감정을 이입하는 독자들이 우리 주변에도 많을 것이다.

그런 점에서 예수님이 고대의 품꾼들을 주인공으로 내세운 '포도원 품꾼의 비유'는 현대를 살아가는 우리들에게도 뭔가 실제적이고 확실한 교훈과 감동을 안겨 주지 않을까 하는 기대를 가져 본다.

지금도 볼 수 있는 다마스쿠스 게이트 앞 인력시장

품꾼들의 최대 관심사는 그날 하루의 일거리를 찾는 것이다. 하루를 공치면 그야말로 온종일 굶어야 하기 때문이다. 예수님의 비유를 듣던 청중 가운데 상당수는 즉각적으로 비유 속에 등장하는 품꾼과 자기 자신을 동일화했을 것이다. 이들은 객석에 앉아 있는 청중, 즉 제3자의 자리에서 벗어나 여차하면 팔을 걷어붙이고 무대 위로 뛰쳐오를 만반의 준비가 되어 있다. 그런 점에서 '포도원 품꾼의 비유'는 다시 한 번 스토리텔링의 달인이신 예수님의 수사학적 기교가 확실히 드러난다고 하겠다. 청중은 어느새 귀를 쫑긋 세우고 예수님의 입에서 나올 다음 스토리에 몰입했다.

> "천국은 마치 품꾼을 얻어 포도원에 들여보내려고 이른 아침에 나간 집 주인과 같으니"(마 20:1).

자신의 포도원에서 일할 품꾼을 얻기 위해 포도원 주인은 이른 아침부터 집을 나선다. 비유에는 포도원 주인이 집을 나선 구체적인 시간이 나와 있지 않지만 충분히 유추할 수 있다.

당시 품꾼들의 하루 노동 시간은 해가 뜨는 시간인 새벽 6시부터 해가 지는 시간인 저녁 6시까지, 꼬박 12시간이었다. 시편 말씀은 당시 품꾼들의 고된 하루를 다음과 같이 노래한다.

"해가 돋으면 물러가서 그들의 굴 속에 눕고 사람은 나와서 일하며 저녁까지 수고하는도다 여호와여 주께서 하신 일이 어찌 그리 많은지요 주께서 지혜로 그들을 다 지으셨으니 주께서 지으신 것들이 땅에 가득하니이다"(시 104:22-24).

이런 사실을 알 때 품꾼을 얻기 위해 포도원 주인이 집을 나선 시간은 새벽 6시보다는 훨씬 이른 시간이었을 것이다. 또한 포도원 주인쯤 되었으면 대신 청지기를 보냈을 텐데 비유 속의 포도원 주인은 자신이 직접 품꾼을 얻으러 행차하고 있다. 이를 통해 보건대, 포도원 주인은 상당히 부지런한 사람이었던 것 같다.

어찌되었건 포도원 주인은 직접 인력시장을 찾아가 쓸 만한 품꾼, 농땡이 부리지 않고 열심히 일할 것 같은 성실한 품꾼들을 골라서 하루 품삯 한 데나리온을 약속하고 자신의 포도원으로 리크루팅해 갔다.

"그가 하루 한 데나리온씩 품꾼들과 약속하여 포도원에 들여보내고"(마 20:2).

지금도 예루살렘의 다마스쿠스 게이트(Damascus Gate) 앞에서는 예수님이 말씀하신 '포도원 품꾼의 비유'와 너무나 비슷한 풍경이 날마다 펼쳐진다. 다마스쿠스 게이트는 팔레스타인 아랍인들이 몰려 사는 동예루살렘 구 시가지에서 가장 번화하고 시끌벅적한 곳이다. 다양한 물품을 저렴하게 파는 재래시

• 다마스쿠스 게이트 앞 인력시장에서 서성거리는 아랍인 노동자들

장도 그곳에서 열린다.

아침이 되면 다마스쿠스 게이트 앞은 하루 일거리를 찾기 위해 몰려든 일용직 노동자들로 인산인해를 이룬다. 일꾼이 필요한 유대인 고용주들은 이곳을 찾아와 쓸 만한 아랍인 일꾼들을 자신이 타고 온 밴(Van)에 가득 싣고 유유히 사라진다.

물론 일꾼을 찾는 유대인 고용주가 나타나면 5~10명가량의 건장한 아랍인 일꾼들이 동시에 달려든다. 그리고는 제발 자신을 일꾼으로 써달라며 졸라댄다. 고용주는 언뜻 봐도 힘깨나 쓸 만한 사람을 재주껏 골라 태우고는 서둘러 사라진다. 남겨진 일꾼들에게는 허탈감만 남는다.

예루살렘에 사는 한국인 유학생들도 심심치 않게 이곳 다마스쿠스 게이트 앞에서 열리는 인력시장을 찾는다. 주로 이사 때 짐을 날라 줄 일꾼을 구하기 위함이다. 나도 예루살렘에서 11년 살면서 총 네 차례 이사를 했는데, 이 때문에 다마스쿠스 게이트 앞의 인력시장과 조금 친해질 수 있었다. 그래서 그런지 그곳의 인력시장 모습이 지금도 눈에 선하다. 포도원 주인이 품꾼을 얻으러 찾아간 인력시장도 분명 내 눈에 선한 그 다마스쿠스 게이트 인력시장과 별반 다르지 않았을 것이다.

예루살렘에 있는 다마스쿠스 게이트 인력시장 외에도 중동 지역에는 자신의 노동력을 파는 일꾼들로 우글거리는 인력시장을 심심치 않게 볼 수 있다. 나는 요르단 순례 중에 수도인 암만에서 열리는 인력시장을 본 적이 있다. 가이드의 설명에 따르면, 그곳에 모인 일꾼들의 상당수는 이집트에서 넘어온 불법 노동자라는 것이다. 요르단은 이스라엘보다 국민소득이 10배나 낮은 나라인데, 굳이 그곳까지 불법으로 넘어와 값싼 노동력을 팔아야 하다니, 이집트의 경제 수준을 짐작하고도 남음이 있다.

요르단에서 일하는 이집트 출신의 불법 노동자들이 하루를 꼬박 일해서 벌어들이는 돈은 고작 5불 안팎이라고 한다. 그 돈으로 하루 세끼를 해결하는 데 3불 정도가 든다고 하니… 품꾼들의 생활은 예나 지금이나 '죽지 못해 꾸역꾸역 살아가는 삶'이라고밖에 표현할 수 없을 것 같다.

욥기에는 품꾼들의 고통스런 하루하루를 이렇게 표현하고 있다.

"이 땅에 사는 인생에게 힘든 노동이 있지 아니하겠느냐 그의 날이 품꾼의 날과 같지 아니하겠느냐"(욥 7:1).

"그에게서 눈을 돌이켜 그가 품꾼같이 그의 날을 마칠 때까지 그를 홀로 있게 하옵소서"(욥 14:6).

같은 아랍인이면서도 요르단으로 넘어와 멸시와 천대를 감내하며 살아가는 이집트 아랍인들을 볼 때, 이집트의 경제는 요르단보다 한참 못한 것이 분명하다. 이집트에서 시작해 범 아랍권으로 확산된 아랍민주혁명은 결국 배가 고파서 폭발한 민중의 분노가 그 기저에 깔려 있는 것이다.

한 데나리온: 율법이 정한 법정 최소 품삯

이렇게 해서 선출된 품꾼들은 하루 12시간을 꼬박 일하고 한 데나리온의 품삯을 받았다. 예수님 당시 데나리온에는 로마 황제인 티베리우스(Tiberius)의 얼굴이 새겨져 있다. 하지만 여기서 현대의 성경 독자들이 기억해야 할 중요한 사실이 있다. 한 데나리온의 품삯은 현대인들이 생각하는 것처럼 4인 가족의 하루 생계비로는 그다지 충분하지 않은 돈이라는 것이다. 한 데나리온은 기껏해야 4인 가족이 하루를 근

근이 넘길 수 있는 최저 생계비 수준이었다.

1세기 당시 이스라엘에서 성인 남자 한 명이 입에 풀칠하며 생존하기 위해서는 반 데나리온이 필요했다. 아울러 1년에 200데나리온의 연봉을 가이드라인으로 해서 절대적 가난을 규정했다고 한다. 즉 1년 수입이 200데나리온이 넘으면 가난한 자들을 위해 율법이 제정한 복지 혜택을 누리지 못했다는 것이다.

예를 들면, 율법은 가난한 자들을 위해 밭의 네 귀퉁이에 있는 곡식을 거두지 말라고 명령하고 있다. 밭의 네 귀퉁이에 남겨진 이삭줍기의 혜택은 연봉 200데나리온 미만의 가난한 사람들에게만 국한되었던 것이다(m. Peah 8:8).

> "너희가 너희의 땅에서 곡식을 거둘 때에 너는 밭모퉁이까지 다 거두지 말고 네 떨어진 이삭도 줍지 말며 네 포도원의 열매를 다 따지 말며 네 포도원에 떨어진 열매도 줍지 말고 가난한 사람과 거류민을 위하여 버려두라 나는 너희의 하나님 여호와이니라"(레 19:9-10).

한 데나리온의 품삯이 충분치 않았기 때문에 율법은 해가 지기 전에 반드시 품삯을 지불해야 한다고 엄중히 경고하고 있다. 그것도 한 번이 아니고 두 번씩이나. 왜냐하면 그렇게 하지 않으면 품꾼들의 생계가 위협을 받기 때문이다. 이것을 볼 때 하나님은 당시 사회적으로 약자였던 품꾼들의 복지에 상당한 관심을 가지셨음을 알 수 있다.

"너는 네 이웃을 억압하지 말며 착취하지 말며 품꾼의 삯을 아침까지 밤새도록 네게 두지 말며"(레 19:13).

"곤궁하고 빈한한 품꾼은 너희 형제든지 네 땅 성문 안에 우거하는 객이든지 그를 학대하지 말며 그 품삯을 당일에 주고 해 진 후까지 미루지 말라 이는 그가 가난하므로 그 품삯을 간절히 바람이라 그가 너를 여호와께 호소하지 않게 하라 그렇지 않으면 그것이 네게 죄가 될 것임이라"(신 24:14–15).

사회적 약자인 품꾼들의 복지에 대한 관심과 옹호는 예레미야를 비롯한 선지서에서도 확인할 수 있다.

"불의로 그 집을 세우며 부정하게 그 다락방을 지으며 자기의 이웃을 고용하고 그의 품삯을 주지 아니하는 자에게 화 있을진저"(렘 22:13).

당시 랍비들은 품삯을 당일에 지불하지 않는 악덕 고용주는 다음의 네 가지 계명을 모두 어긴 것이라고 가르쳤다.

첫째, 이웃을 억누르지 마라.
둘째, 이웃의 것을 훔치지 마라.
셋째, 품삯은 당일에 지불하라.

넷째, 노동자가 받을 임금을 밤새 주인이 가지고 있지 마라.

랍비 문헌에는 노동 임금과 관련된 문제들이 자주 등장하는데, 그중 재미있는 것을 하나 소개하면 다음과 같다.

주인은 임금을 주었다고 우기고 품꾼은 받지 않았다고 우긴다. 이럴 경우 품꾼이 여호와 하나님 앞에서 맹세하기만 하면 그 주인은 품꾼에게 임금을 지불해야 한다는 재미난 판례가 있다. 이렇게 하는 이유는, 주인에게는 여러 가지 복잡한 문제들이 많지만 품꾼에게는 오직 임금 외에는 신경 쓸 일이 없기에 주인이 깜박했을 가능성이 훨씬 높기 때문이다.

품꾼들을 위한 품삯의 당일 지불 원칙이 모세의 율법뿐 아니라 랍비들의 문헌인 미쉬나(m. Baba Mesia 9.12)와 탈무드(b. Baba Mesia 83a, 11)에도 반복되어 나오는 것을 볼 때, 1세기 이스라엘 사회에서 이 원칙은 상당히 강조되었던 것 같다. 하지만 동일한 명령이 자주 등장하고 강조된다는 사실은, 역으로 이 율법이 종종 무시되던 당시의 사회적 이면을 드러내는 것이기도 하다.

품꾼들을 위한 법정 최소 품삯인 한 데나리온 지불의 원칙, 그리고 당일 지불의 원칙은 이스라엘 사회에서도 종종 경시되었던 것 같다. 주전 1세기 이스라엘에서 최고의 율법학자로 명성을 날리던 랍비 힐렐(Hillel)도 무명 시절에는 인력시장에서 하루 품삯으로 고작 반 데나리온을 받고 일하던 날품팔이 품꾼이었다고 한다. 하루는 일거리를 찾지 못해 강의 입실료를 지불하지 못한 힐렐은 겨울철임에도 불구하고 바깥 유리창에 기대서서 강의를 들었다고 한다. 그 때문에 그는 반쯤 얼어붙어 있었다고 한다. 이런 사람이 부와 명예가 동시에 따라오는 최고 랍비의 반열에 올랐으니, 당시 사회에서는 그야말로 인생 역전의 가장 드라마틱한 모델이 힐렐이었던 것이다.

예나 지금이나 악덕 고용주는 사라지지 않는 것 같다. 하긴 탐욕스런 인간의 성품이 그다지 변한 것이 없으므로 당연한 일인지도 모른다. 선민으로 불리는 이스라엘 사회나 우상을 숭배하는 이방인들의 사회 모두에서 이런 악덕 고용주가 존재했다는 사실이 우리를 슬프게 한다.

외국인 노동자를 착취하는 한국인 악덕 고용주의 이야기가 우리 주변에서도 심심치 않게 들려온다. 외국인 노동자가 불법 체류자라는 약점까지 잡히게 되면 그 약점을 악랄하게 물고 늘어지면서 몇 달치, 심하면 몇 년치 임금을 체불하는 악덕 고용주! 그런 사람은 분명 품꾼을 향해 애틋한 마음을 가지고 있는 하나님으로부터 무서운 진노를 피하지 못할 것이다.

넘쳐 나는 품꾼, 하지만 턱없이 부족한 일자리

동서고금에 이처럼 악덕 고용주의 횡포가 판을 치는 이유는 단순하다. 일거리는 턱없이 부족한데, 그 몇 안 되는 일자리를 향해 달려드는 품꾼들은 넘쳐 나기 때문이다. 이런 절망적인 경제 상황을 틈타 악덕 고용주가 판을 친다. 이런 경우 협상 테이블에서의 주도권은 당연히 고용주가 쥐게 된다. 아니 품꾼들은 '폼 나게' 협상 테이블에 앉아 볼 기회조차 얻지 못한다. 그저 오늘

어!
힐렐 아냐?
로또 맞았나?

도 입에 풀칠할 일거리를 찾았다는 사실 하나만으로 감지덕지하면서 고용주가 베푸는 얼마가 될지 모르는 은덕에 구차하게 기댈 수밖에 없는 것이다.

이처럼 '실직'(unemployment)이라는 화두는 고대 사회에서 상존하던 문제였다. 그 어떤 역량 있는 정치가가 나타나도 감히 해결할 수 없었던, 만약 함부로 메스를 대려 했다가는 주전 2세기 공화정 로마에서 비명에 횡사한 그라쿠스 형제의 전철을 밟게 될 것이다.

1세기 당시 유대인 역사가인 요세푸스의 기록(Ant. 20.219-20)에도 '실직'과 관련된 당시의 참담한 경제 상황이 나온다. 아그립바 왕 때 성전 공사가 완공되자 일시에 1만 8,000명의 노동자들이 직장을 잃게 된 상황이 기록된 것이다. 이처럼 실직은 고대 사회를 살아가던 평민들을 따라다니던 무시무시한 위협이었다.

'포도원 품꾼의 비유'는 이처럼 능력 있는 품꾼들마저도 비숙련 단순노동을 찾아 인력시장을 기웃거려야 하는 절망적인 경제 상황을 배경으로 전개되고 있다. 예수님의 비유들이 대부분 그렇듯이 '포도원 품꾼의 비유'도 1세기 유대인 청중이 접하는 매일의 삶과 직접적으로 와 닿는 문제를 다루며 시작하고 있다. 하지만 왠지 그 체감도 면에서 '포도원 품꾼의 비유'는 모든 비유들 가운데 단연 으뜸이다. 예나 지금이나 인간에게는 너무나 절실한 돈 문제와 깊이 연루되어 있기 때문이다.

'포도원 품꾼의 비유'는 현대인들에게도 그리 낯설지 않은, 아니 무척이나 민감한 임금 문제, 직장 문제, 악덕 고용주 문제, 노사분규 문제 등을 비유의 전면에 부각시키고 있다. 현대의 성경 독자들에게 비유 속의 '포도원'은 내가 다니는 직장일 터이고, 비유 속의 '품꾼'은 나 자신이 될 수 있다. '포도원 주인'은 내가 다니는 직장의 고용주, 즉 최고경영자(CEO)가 된다. 최고경영자가 심정적으로 너무 멀게 느껴진다면 나와 지근 거리에 있는, 그래서 틈만 나면 나를 괴롭히는 직장상사일 수도 있다.

1장에서 다루었듯이 '포도원 품꾼의 비유'는 그 해석을 둘러싸고 논쟁과 모순성이 집중적으로 부각되어 왔다. 하지만 그 이유도 자세히 들여다보면 비유가 다루고 있는 문제들이 현대인들의 심장마저도 쉽게 달궈 놓는 그런 핫 이슈들이기 때문이리라.

개그맨 김제동 씨가 컴퓨터 바이러스 치료의 대가인 안철수 박사와 시골의사란 필명으로 유명한 박경철 원장을 만났다. 김제동 씨가 안철수 박사와 박경철 원장에게 물었다.

"기성세대의 한 사람으로서 요즘 젊은이들에게 해주고 싶은 한마디가 무엇입니까?"

미리 약속한 것도 아닌데 두 사람은 한 목소리로 이렇게 대답했다.

"미안하다, 정말로 미안하다는 말을 해주고 싶습니다."

오늘날 우리 사회는 청년 실업의 문제가 심각하다. 참으로 능력 있는 청년들이 비숙련 단순노동 현장에까지 기웃거려야 하는, 어찌 보면 '포도원 품꾼의 비유'가 설정한 무대 세팅과 너무나 비슷한 상황을 살아가고 있다. 젊은이들을 향해 "미안하다, 정말 미안하다"고 고백한 안철수 박사와 박경철 원장의 뜻은 이러했다.

자신들이 공부할 때만 해도 열심히 공부하고 성실히 일한 사람들은 출세

할 수 있었다. 그리고 공부 안 하고 농땡이를 치는 사람들, 술과 담배, 노름 등 주색잡기에 빠지는 사람들만 주로 실패했다. 하지만 지금 청년들의 경우는 꼭 그렇지만은 않다는 것이다.

아무리 열심히 공부해도 저마다 철저한 사교육(선행학습)으로 무장되어 있기 때문에 기성세대들보다 일류 대학의 문턱을 넘는 것이 여간 어렵지 않다. 그렇게 해서 간신히 대학을 졸업해도 취업으로 들어가는 문은 더더욱 좁다. 지금 세대는 자신들이 살던 시대와는 비교할 수도 없을 만큼 빈익빈, 부익부가 심해졌다. 부의 대물림으로 인해 가난한 자들은 사교육의 혜택도 받지 못한다. 결국 빈곤의 악순환이요 가난의 대물림이다. 기성세대의 한 사람으로서 이런 현실을 청년들에게 물려준 것이 참으로 미안하다는 것이다.

스토리텔러이신 예수님은 '포도원 품꾼의 비유'가 설정한 삶의 세팅과 얼추 흡사한 시대를 살아가는 현대인들을 비유의 현장 속으로 자연스레 초청하신다. 그러고 보니 멀리서 예수님이 우리에게 이렇게 말씀하시는 것 같기도 하다.

"잘 들어 보라고. 이건 꼭 남의 문제가 아니라 바로 네 자신의 문제가 될 수도 있으니까."

해방신학에서 가르치는 두 가지 교훈

현대 사회에서도 '실직'이 상존하는 위험으로 도사리고 있는 곳(남미와 제3세계)에서는 '포도원 품꾼의 비유'가 주는 교훈을 놓고 다음의 두 가지 경제적 원리를 강조하곤 한다. 소위 해방신학 계열의 주장들이다.

첫째, 모든 사람에게는 일할 권리가 있다는 것이다.

"너희는 어찌하여 종일토록 놀고 있느냐"는 포도원 주인의 질문에 대한 품꾼들의 대답 속에는 한없는 비애가 배어 있다.

"우리를 품꾼으로 쓰는 이가 없음이니이다."

너무 많은 일거리에 파묻혀 사는 현대인들은 때로 일이 없었으면 좋겠다고 생각할 수 있다. 하지만 할 일이 없다는 것이 가장 무서운 일이다. 일할 수 있다는 것이 얼마나 큰 행복인지 모른다.

우리는 예수님이 생애의 많은 부분을 노동자로 지내셨다는 사실을 기억해야 한다. 30세가 되기까지 예수님은 나사렛에서 목수(건축자)로서 일하셨다. 예수님은 노동의 어려움과 가족을 위해 생활비를 번다는 것이 얼마나 힘든 일인지를 잘 아셨다.

그래서 예수님은 기적의 역사를 통해 많은 불구자들을 '일할 수 있는 사람'으로 회복시켜 주셨다. 서기관과 바리새인들이 트집 잡으려고 지켜보는 가운데서도 안식일에 손 마른 사람을 고쳐 주셨는데(눅 6:6-10) 흥미롭게도 누가의 설명에 의하면 그의 '오른'손이었다. 전승에 의하면 그는 채석장의 석수였는데 손이 말라서 해고당한 사람이었다는 것이다.

어떤 사람이 그의 손이 회복되어 다시 일하게 된 기쁨을 시로 표현했다.

하나님을 찬송하라
그래! 하나님의 은총을 찬송하라
주께서 나의 연장을 되돌려 주셨도다
오, 망치와 톱을 내게 들려 주어라
나에게 못과 나뭇조각을 가져오라
이제 내가 힘차게 일하는 모습을 보라
저 참나무, 돌과 쇠는 얼마나 단단한지!
나의 손에 들려 주면 깎고 새겨서 아름답게 만들어 주리니

실로 오늘날 기독교 문명이 들어간 곳마다 나타나는 현상은 모두가 주어진 일에 게으르지 않고 열심히 일하게 된다는 것이다. 하나님은 우리에게 일할 기회와 함께 일할 수 있는 능력과 권리를 주셨다.

둘째, 모든 사람에게는 하루분의 생활비용을 받을 권리가 있다는 것이다. 일종의 최저 임금 보장과 같은 것이다. 포도원 주인은 늦게 온 사람의 품삯을 깎아서 줄 수도 있었다. 하지만 그렇게 하지 않았다. 그것은 집에서 기다리는 가족이 끼니를 굶을 줄 알았기 때문이다. 예수님은 굶주린 영혼을 채워 주시는 동시에 민중의 고픈 배도 채워 주셨다.

예수님은 우리의 물질적인 생활에도 지대한 관심을 보이신다. 결코 하늘의 마음으로 충만한 나머지 이 땅에서의 실제적인 문제들을 간과하신 적이 없다. 사람이 살기 위해서는 '말씀'만이 아니라 '떡'이 필요함을 잘 아셨고, 사회 구조적인 악으로 인해 이 땅에서는 언제나 가난한 사람이 있다는 것도 잘 아

셨다.

이상적인 그리스도인의 사회에서는 너무 많이 가진 사람도, 너무 적게 가져 고통당하는 사람도 없어야 한다는 것이다.

chapter

03

포도원 주인은 왜 다섯 번이나 품꾼을 구하러 갔을까?

반복된 품꾼 리크루팅 속에 숨겨진 비밀

새벽에 인력시장에 나타나 필요한 만큼의 품꾼을 데려간 포도원 주인은 왜 세 시간 후에 다시 인력시장에 나타난 걸까? 단지 품꾼이 더 필요했기 때문일까? 아니다. 포도원 주인은 자신의 포도원에 필요한 숫자만큼만 데려온 것에 대해 내내 마음이 아팠던 것이다. 포도원에 돌아온 주인의 눈에는 인력시장에서 어슬렁거리는 수많은 품꾼들이 계속 아른거렸다.

한 데나리온의 품삯을 약속하고 품꾼을 직접 리크루팅한 포도원 주인은 다시금 인력시장에 나타난다. 비유는 이제부터 구체적인 시간까지 제시하고 있다. 아침 9시(삼시)에 인력시장을 찾은 포도원 주인은 새로운 그룹의 품꾼을 리크루팅한다. 그런데 재미있는 것은 이번에는 구체적인 시간이 나오는 반면, 구체적인 품삯이 빠져 있다. 그저 두루뭉술하게 '상당하게 주겠다'고만 약속한다. 품꾼들은 포도원 주인의 말만 신뢰하고 묵묵히 그를 따라나선다.

> "또 제삼시에 나가 보니 장터에 놀고 서 있는 사람들이 또 있는지라 그들에게 이르되 너희도 포도원에 들어가라 내가 너희에게 상당하게 주리라 하니 그들이 가고"(마 20:3-4).

그러나 포도원 주인의 품꾼 리크루팅은 여기서 그치지 않는다. 이후로는 매우 긴박하게 돌아간다. 정오(육시), 오후 3시(구시)에도 품꾼 리크루팅은 이어진다. 이번에는 아예 품삯에 대한 언급이 통째로 빠져 있다.

> "제육시와 제구시에 또 나가 그와 같이 하고"(마 20:5).

이렇게 아침 6시, 9시, 정오, 오후 3시, 3시간 간격으로 포도원 주인의 '품꾼 찾아 삼만 리' 행차는 계속된다. 포도원 주인은 언뜻 품꾼 고용에 재미라도 붙인 듯이 보인다. 그렇게 신나게 품꾼을 고용하던 포도원 주인이 이번에는

2시간 만에 다시 인력시장에 나타난다.

오후 5시. 3시간 만에 나타나면 오후 6시인데 그렇게 되면 이미 해가 지고 하루 노동이 완전히 끝나는 시간이다. 포도원도 문을 닫아야 한다. 인력시장의 문이 닫히기 불과 한 시간 전에 포도원 주인이 다시 나타난 것이다. 이건 아무래도 '포도원 품꾼의 비유'에서 중요한 복선일 듯싶다.

> "제십일시에도 나가 보니 서 있는 사람들이 또 있는지라 이르되 너희는 어찌하여 종일토록 놀고 여기 서 있느냐 이르되 우리를 품꾼으로 쓰는 이가 없음이니이다 이르되 너희도 포도원에 들어가라 하니라"(마 20:6-7).

포도원 주인은 이렇게 아침부터 오후까지 총 다섯 차례에 걸쳐 인력시장에 직접 나타나 품꾼을 고용하고 있다. 예수님은 이 상황을 통해 도대체 무슨 이야기를 하고 싶으셨던 걸까? 다섯 번이나 인력시장에 나타난 포도원 주인의 행동은 숨 가쁘고 정신없어 보인다. 하지만 이 부분을 듣는 청중은 단순 반복에 지나지 않는 주인의 품꾼 고용 행위에 그다지 주의를 기울이지 않는다.

하지만 주인의 거듭된 품꾼 리크루팅에는 '포도원 품꾼의 비유'를 올바로 해석하는 데 도움이 될 만한 결정적인 단서와 복선이 숨겨져 있을 것이다. 이번 장에서는 다섯 차례에 걸친, 언뜻 단순 반복에 지나지 않아 보이는 포도원 주인의 품꾼 리크루팅에 대해 자세히 살펴보고자 한다.

크게 두 가지 면에서 살펴볼 것인데, 이것이 현실적인 설정인지, 아니면 현실에서는 도저히 일어날 수 없는 과장과 풍자에 지나지 않는지를 집중적으로 살펴볼 것이다.

포도원에는 과연 그렇게 많은 품꾼이 필요했을까?

포도원 주인이 다섯 차례에 걸쳐 인력시장에 나타나 품꾼을 고용하는, 어찌 보면 선심을 쓰듯 무작위로 품꾼을 고용하는 이야기를 들으면서 1세기 당시 유대인 청중은 무슨 생각을 했을까? 포도원에는 과연 하루 동안 그렇게 많은 품꾼이 필요했을까?

예수님의 비유는 포도원, 품꾼 등 당시 청중의 삶에서 볼 때 다분히 현실적인 세팅에서 출발하고 있다. 하지만 포도원 주인의 다섯 차례에 걸친 품꾼 리크루팅에 이르러서는 과연 이 장면이 당시 청중에게 현실적인 개연성이 있었을까 하는 의구심이 든다. 아직 100% 단정할 순 없지만 이 문제는 '포도원 품꾼의 비유' 해석에서 중요한 포인트가 되리라는 직감도 든다.

결론적으로 말하면, 포도원 주인의 반복된 품꾼 고용 행위는 흔한 상황은 아니지만 당시에는 충분히 개연성 있는 설정이라는 것이다. 포도원에서 하루 동안 그렇게 많은 품꾼이 필요해지는 상황은 아마도 포도 수확철일 것이다.

이스라엘에서 포도는 8월에 수확하는데, 이 시기는 이스라엘에서 가장 더울 때다. 이 시기에 광야의 환경인 이스라엘은 눈앞에 펼쳐진 자연이 광야의 이글거리는 태양 아래서 온통 회색빛으로 타 들어간다. 그런데 광야의 회색빛 자연을 뒤로한 채 8월의 포도원은 먹기 좋고 탐스럽게 영근 포도알이 큰 기쁨과 환희를 선사한다.

이스라엘에서 8월이면 우기 때 웅덩이에 저장해 놓은 빗물도 서서히 바닥을 드러낼 시점이다. 4월부터 시작된 건기가 10월까지 계속되는 이스라엘에서, 8월경에 맺히는 포도, 그리고 그 포도를 밟아서 얻게 되는 포도주는 그야말로 생명을 기쁘게 하는 음료수인 것이다.

> "잔치는 희락을 위하여 베푸는 것이요 포도주는 생명을 기쁘게 하는 것이나 돈은 범사에 이용되느니라"(전 10:19).

> "나무들이 또 포도나무에게 이르되 너는 와서 우리 위에 왕이 되라 하매 포도나무가 그들에게 이르되 하나님과 사람을 기쁘게 하는 내 포도주를 내가 어찌 버리고 가서 나무들 위에 우쭐대리요 한지라"(삿 9:12-13).

8월의 포도 수확철에는 갑자기 많은 품꾼들이 필요해진다. 포도원에서 잘 익은 포도는 따서 커다란 광주리에 담는다. 품꾼들은 포도가 한가득 담긴 광주리를 포도원 근처에 있는 포도 밟는 틀로 가져가 그 안에 통째로 붓는다. 그러고 나서 농부들은 발을 깨끗이 씻고 맨발로 '포도 밟는 틀' 안에 들어가 포도를 신나게 밟는다. 밟아서 즙이 된 포도액은 항아리 같은 곳에 담아서 6주 정도 땅속 웅덩이에 저장한다. 마치 잘 담근 김장김치를 땅속 항아리에 넣어 맛나게 숙성시키는 것처럼. 그렇게 잘 숙성된 포도주는 잔치 때 여흥을 돋우는 술이요, 갈증을 날려 주는 음료로 사용된다.

포도원 주인이 다섯 차례나 품꾼을 찾아 인력시장에 나타난 것을 보면 비유의 시간적 배경은 포도 수확철인 것이 분명해 보인다. 일거리는 많은데 품꾼이 부족했던 것이다. 늘 곡식의 추수철이나 과실의 수확철에는 그처럼 바쁘고 일손이 달리는 법이다. 예수님은 추수 때 부족해지기 쉬운 일손과 관련해서 다음과 같은 말씀을 하신 적이 있다.

> "이에 제자들에게 이르시되 추수할 것은 많되 일꾼이 적으니 그러므로 추수하는 주인에게 청하여 추수할 일꾼들을 보내 주소서 하라 하시니라"(마 9:37-38).

모든 추수가 다 그렇지만, 특별히 포도는 수확 시기를 놓쳐서는 안 된다. 포도 수확철에는 매 시간이 중요하다. 포도 수확의 극대화를 위해서 포도는 최적기에 따야 한다. 하루를 일찍 따도 안 되고 하루를 늦게 따도 안 되는 것이 포도 수확이다. 포도원 주인은 모든 상황을 실시간으로 모니터링하면서 품꾼을 고용했을 것이다. 얼마나 다급했으면 문 닫기 한 시간 전에도 새로운 품꾼을 데리고 왔을까?

8월의 뜨거운 뙤약볕 아래서 기진맥진해 있을 무렵이면 어김없이 새로운 품꾼들이 3시간 간격으로 포도원에 도착했다. 새로 도착한 품꾼들은 지쳐 있던 기존 품꾼들의 사기를 진작시키고 전체적인 생산성 증진에 기여했을 것이다.

만약 모든 품꾼들이 새벽부터 같은 시간에 일을 시작했다면 오후쯤에는 8월의 뜨거운 태양과 때마침 불어온 사막의 열풍으로 인해 기진맥진하고 말았을 것이다.

주인의 지속적인 품꾼 고용: 그 안에 숨겨진 숨은 그림 찾기

여기까지가 다섯 차례에 걸친 포도원 주인의 품꾼 리크루팅에 대한 정황적 해석이다. 이것은 비유를 말씀하신 1세기 이스라엘의 상황에 비추어 볼 때도 충분히 현실적이고 개연성 있는 해석이다. 하지만 이렇게 합리적이고 타당한 해석만 해놓고 얼렁뚱땅 다음 단계로 넘어가선 안 된다. 그럴 경우 우리 역시 많은 비유 해석가들이 범한 오류의 전철을 밟게 될 것이다.

앞에서도 강조했지만 '포도원 품꾼의 비유'의 바른 해석, 더 나아가 비유를 말씀하신 예수님의 의도에 가장 부합한 해석을 위해서는 단순 반복처럼 보이는 포도원 주인의 품꾼 리크루팅 속에 숨겨진 숨은 그림들을 찾아내야 한다.

웬 숨은 그림이냐고 반문할 독자들이 있을지 모르겠다. 하지만 이 시점에서 우리는 예수님의 비유가 갖고 있는 중요한 본질을 다시 한 번 상기시킬 필요가 있다. 예수님의 비유는 다분히 현실적인 삶의 무대에서 출발하지만, 이후에 펼쳐지는 모든 스토리가 100% 현실적 상황에서 전개되는 것만이 아님을 우리는 반드시 기억해야 한다.

예수님의 비유 속에는 곳곳에 현실적이지만 굉장한 과장과 풍자, 때로는 현실의 세계에서는 도저히 일어날 수 없는 극단적 과장과 위트가 숨어 있다. 이것이 1세기 유대인 청중이 예수님의 비유를 들으면서 느꼈을 현실과 초현실 사이에서의 긴장과 의구심이다. 그것을 현대의 성경 독자인 우리도 함께 느껴야 비로소 비유의 참맛을 음미했다고 말할 수 있는 것이다.

현실의 이야기 속에 감추어진 초현실의 세계, 그것이 바로 예수님의 비유 속에 숨겨진 숨은 그림이요 언제 터질지 모르는 지뢰다. 물론 현실적으로 보이는 비유 스토리 속에 지뢰를 매설하고 숨은 그림을 집어넣은 분은 다름 아닌 스토리텔러이신 예수님이다. 이것이 예수님이 말씀하신 모든 비유의 본질이요, 비유 해석자들이 결코 놓쳐서는 안 되는 가이드라인이다. 예수님이 숨겨 놓으신 지뢰와 그림들을 찾아내는 것, 그것이야말로 예수님의 비유를 올바로 해석하는 지름길인 것이다.

숨은 그림 1: 포도원 주인은 왜 몸소 품꾼 리크루팅에 나섰을까?

포도원 주인은 상당한 재력가처럼 보이는데 왜 청지기를 시키지 않고 자신이 직접 품꾼 리크루팅에 나섰을까? 그것도 한 번이 아니라 무려 다섯 번씩이나. 성문이나 도심 근처에 있던 인력시장과 달리, 포도원은 대체로 인적이 드문 광야 근처에 위치했다.

포도원이 주로 인적이 드문 한적한 광야에 위치한 데는 두 가지 중요한 이유가 있다.

첫째, 포도는 돌이 많고 척박한 광야의 토양에서도 잘 자란다. 오히려 포도원에서는 광야에 널린 돌들이 포도 수확을 위해 요긴하게 사용된다. 건기의 6개월 동안 이스라엘 광야에는 수분이 절대적으로 부족한데, 다행히 산등성이 광야에는 이슬이 잘 맺힌다. 광야에 널린 돌멩이 밑이 바로 이슬이 많이 맺히는 장소인 것이다. 이런 이유로 포도 수확을 위해서는 없는 돌도 열심히 주워다가 포도원에 갖다 놓아야 할 판이다. 포도 수확에 그토록 요긴한 돌들이 광야에는 도처에 깔려 있는 것이다.

• 고대의 포도 재배 모습

• 현대의 포도 재배 모습

포도 수확을 위해서 돌들이 필요한 또 다른 이유가 있다. 이것은 성서시대 포도 재배의 독특한 상황을 알아야만 이해할 수 있다. 오늘날은 포도 재배를 위해서 Y자 모양의 철사를 이용하고 포도의 가지는 Y자 철사를 따라서 올라가게 된다. 하지만 성서시대에는 이런 것들이 턱없이 부족했다.

성서시대의 포도원에 가 보면 포도의 가지는 땅바닥을 그냥 기어가면서 자랐다. 문제는 여기서 발생한다. 포도 가지가 땅바닥에 닿게 되면 그곳에서 자체적인 뿌리를 내리게 되고, 결국 본 가지에서 영양분을 제대로 공급 받지 못해 올망졸망한 들포도를 맺게 된다. 그래서 농부들은 땅에 닿은 줄기를 들어주기 위해 그 밑에 돌멩이를 괴어 놓는다. 바로 이런 이유로 포도원에서는 많은 돌들이 필요한 것이다. 지금도 베들레헴 근처의 아랍 마을에 가면 성서시대의 원시적인 스타일로 포도를 재배하는 포도원을 볼 수 있다.

둘째, 인구가 급격히 증가하면서 주택지가 부족해지고, 아울러 곡식 추수를 위한 농경지마저 부족해지면서 포도원은 점점 인적이 드문 광야로 밀려났다. 특히 사복음서의 역사적 배경이 되는 시기는 유대인들이 경멸하던 에돔 출신의 헤롯 가계가 이스라엘을 통치하던 때였다.

헤롯 대왕(주전 37~주전 4년)의 통치로 시작해 헤롯 아그립바 2세(주후 50~93년)를 끝으로 막을 내린 헤롯 왕가의 이스라엘 통치는 역사가들이 말하는 것처럼 '양날의 검', 그 자체였다. 유대인 순수 혈통의 왕을 구하는 그들의 열망과 인권의 차원에서 본다면, 헤롯 통치기는 분명 인권 탄압과 독재, 경멸스런 에돔 출신의 왕 밑에서 굽실거려야 하는 수모와 굴욕의 시간이었다.

하지만 경제적인 관점에서 본다면 상황은 전혀 달라진다. 로마제국의 황실과 각별한 우의를 다지고 있던 헤롯 가계의 통치는 변방의 속국에 불과하던 유대 땅을 경제적으로 놀랍도록 번성시켰다. 유대 땅은 지리적으로 로마제국의 주적(主敵)이던 동방의 파르티아 제국과 국경을 맞닿고 있었고, 헤롯 가계는 탁월한 정치 감각과 외교력을 발휘해 로마제국의 방패로서 유대 땅의 중요성을 로마 황실에 확실히 각인시킬 수 있었다. 로마제국의 든든한 후원 속에서 헤롯 가계 통치기의 이스라엘은 눈부신 상공업의 발달과 급격한 인구 증가를 경험할 수 있었다. 이런 상황에서 포도원은 인적이 드문 황량한 광야 근처로 밀려나게 된 것이다.

이런 두 가지 이유로 인해 포도원은 도심에서 한참 떨어진 황량한 광야에 위치했다. 포도원과 인력시장 사이가 그렇게 멀었다면 비유 속에서 보여 준 포도원 주인의 행동은 참으로 이상할 수밖에 없다. 이렇게 먼 거리를 포도원 주인이 한 번도 아니고 무려 다섯 번이나 왔다 갔다 하는 장면은 분명 현실 세계에서는 좀처럼 일어나기 힘든 과장된 설정이다.

그러면 '포도원 주인은 집사를 고용할 만큼 재력가가 아니었나?' 하는 의구심을 가질 법하다. 하지만 이것도 비유를 끝까지 들어 보면 정답이 아니다. 날이 저물자 포도원 주인은 자신의 집사를 시켜 품꾼들에게 임금을 지불했기 때문이다.

> "저물매 포도원 주인이 청지기에게 이르되 품꾼들을 불러 나중 온 자로부터 시작하여 먼저 온 자까지 삯을 주라 하니"(마 20:8).

FILE
그 시간에
어디 있었죠?

하지만 이것은 어디까지나 우리가 비유를 끝까지 듣고 결론을 다 알고 있기 때문에 얻은 정답이다. 포도원 주인이 8월의 뜨거운 태양을 무릅쓰고 무려 다섯 차례나 몸소 인력시장에 나타나는 상황은 분명 예수님의 비유를 직접 듣던 당시의 청중에게는 의구심을 자아내기에 충분했을 것이다. 즉 포도원 주인의 반복적인 품꾼 리크루팅 속에 숨겨진 첫 번째 그림은 바로 '숨겨진 청지기'의 존재인 것이다.

중동 지역에서 지주 계층은 고대부터 지금까지 관대한 젠틀맨으로 여겨졌다. 이들에게는 품꾼을 고용하고 관리하는 일 따위는 늘 도맡아서 해줄 청지기란 존재가 그림자처럼 따라다녔다. 포도원 주인은 아침에 청지기를 불러 지시사항을 주의 깊게 전달하고 일과를 마치고 나면 청지기를 불러 보고 받으면 그만이었다. 다섯 차례나 장거리인 포도원과 인력시장 사이를 셔틀 여행하는 것은, 비록 두 곳을 왔다 갔다 하는 정기적인 셔틀버스가 있다손 치더라도(?) 포도원 주인이 할 일은 아닌 것이 확실하다.

'포도원 품꾼의 비유'를 통해 예수님은 포도원 주인을 선하신 하나님, 즉 천국의 모델로 비유하기 위해서 그의 모습을 현실 속에선 좀처럼 보기 힘든 엉뚱한 캐릭터로 그린 것이다.

숨은 그림 2: 포도원 주인은 필요한 품꾼의 인원을 잘못 계산했을까?

포도 수확철이면 갑자기 품꾼의 노동력이 많이 필요해진다는 것은 앞에서 살펴보았듯이 충분히 현실적이다. 그런데 포도원 주인은 왜 새벽 6시부터 포도원 문 닫을 시간까지 무려 다섯 차례나 인력시장을 찾았을까? 왜 애초부터 충분한 수의 품꾼을 고용하지 않은 걸까?

비유 속의 포도원 주인이 아버지로부터 이제 갓 포도원을 인수 받은 철부지 재벌 2세였기 때문일까? 비유 속에는 그런 언급이 전혀 없기 때문에 우리는 이에 대해 알 수 있는 것이 없다.

그렇다면 실무를 담당하는 포도원 주인의 청지기가 좀 모자랐기 때문일까? 하지만 그날 하루 품꾼의 필요량을 보고한 청지기의 리포트에 한 번 정도의 실수가 있었다면 현실적이지만, 하루에 다섯 번씩이나 실수한다는 것은 다분히 과장이고 비현실적인 설정이다.

앞에서는 새로 발탁된 신임 품꾼들이 시간대별로 포도원에 도착해 지쳐 있는 전임 품꾼들의 사기를 진작시켰다는 식으로 그럴싸하게 설명했지만, 이것 역시 현실적으로 본다면 어딘지 모르게 석연찮다. 포도원과 인력시장 사이의 거리가 만만치 않았음을 알 때 포도원 주인과 품꾼은 오고 가는 길에서 많은 시간을 허비했을 것이다.

포도원 주인이 세 시간마다 정확히 인력시장에 나타나는 것 역시 다분히 스토리텔러이신 예수님의 의도적인 설정이다. 포도 수확철이니만큼 포도원에 품꾼이 수시로 필요할 수는 있겠지만 정확히 세 시간마다 필요하다는 것은 다분히 의도적이지 않은가? 이처럼 예수님은 비유 스토리 곳곳에 1세기 유대인 청중만이 느낄 수 있는 의구심 그리고 그들만이 파헤칠 수 있는 지뢰를 숨겨 놓으셨다.

포도원 주인은 선한 사람인가, 악한 사람인가?

예수님의 비유는 현실 속의 이야기이지만 동시에 비현실적인 이야기이기도 하다. 이것이 예수님의 비유가 본질적으로 가지고 있는 패러독스다. 이 패러독스를 느끼고 음미하는 일은 비유 해석에서 반드시 필요한 과정이다. 힘들고 거북하다고 해서 애써 외면해선 안 된다. 만일 그럴 경우 우리는 예수님이 애초에 의도하신 비유 속에 숨겨진 교훈과 감추어진 보화를 캐내지 못할 것이다.

하지만 문제는 예수님의 비유 속에 숨겨진 패러독스들을 1세기 유대인 청중은 충분히 느낄 수 있었겠지만, 당시의 문화적 세팅을 알지 못하는 현대의 성경 독자들에게는 그것이 도저히 종잡을 수 없는 수수께끼라는 것이다. 현대의 성경 독자들에게는 숨겨진 패러독스들이 무사통과되어, 종국에는 삼천포로 빠져서 엉뚱한 해석을 낳고 마는 것이다.

나는 여기서 포도원 주인의 반복된 품꾼 리크루팅에 숨겨진 지뢰들을 찾아내고 그에 대한 탁월한 해석을 제시한 헐트그렌 박사(Arland Hultgren)를 소개하고 싶다. 미국 루터 신학교 교수인 헐트그렌 박사는 자신의 책 《예수님의 비유들》(The parables of Jesus)에서 '포도원 품꾼의 비유'에 대한 탁월한 해석을 제시하고 있다. 그의 해석은 실로 무릎을 치게 만드는 번뜩임이 있다. 그의 해석은 내가 참고한 문헌인 케네스 베일리 교수의 《중동 문화의 눈을 통해 본 예수》(Jesus through Middle Eastern Eyes)에 자세하게 나온다.

이쯤 해서 포도원 주인의 반복된 품꾼 리크루팅에 대한 헐트그렌 박사와 헤르조그 박사의 상반된 해석을 비교해 보는 것도 재미있을 듯하다. 헐트그렌 박사는 포도원 주인의 반복된 품꾼 리크루팅을 인력시장에 널려 있는 품꾼들을 향한 포도원 주인의 동정과 긍휼의 관점에서 해석하고 있다. 하지만 이미 1장에서 언급한 헤르조그 박사의 해석은 헐트그렌 박사의 그것과는 완전히 상반된 방향으로 흐르고 있다. 한쪽은 포도원 주인의 행동을 동정과 긍휼로서, 다른 한쪽은 힘없는 품꾼을 향한 악덕 고용주의 파워 과시로 해석한 것이다.

헤르조그 박사의 해석은 이미 1장에서 언급했듯이 참으로 허무한 해석이다. 그의 해석이 비록 새롭고 파격적일 수는 있으나 여운이 없다. 아니, 오히려 심각한 부작용을 남긴다. 비유 속의 포도원 주인이 악덕 고용주의 전형이라면 둘 중에 하나가 아니겠는가? 이 비유를 말씀하신 예수님이 문제가 있든지, 아니면 이 비유를 기록한 마태가 문제가 있든지.

삼천포로 빠져 버린 헤르조그 박사의 해석은 1장에서 맛보기로 다룬 것으로 충분한 듯하니, 여기서는 헐트그렌 박사의 해석을 집중적으로 살펴보도록 하자.

해석 1. 청지기를 시키지 않고 포도원 주인이 직접 인력시장에 찾아간 이유

포도원 주인은 새벽을 깨워 직접 품꾼 리크루팅을 위해 인력시장으로 향한다. 청지기를 보내지 않고 주인이 직접 인력시장으로 가는 것은 '포도원 품꾼의 비유'로 불리는 드라마의 주인공이 포도원 주인이기 때문이다. 아울러 비유의 주제가 '힘없는' 품꾼들을 향한 '힘 있는' 포도원 주인의 한량없는 긍휼과 자비이기 때문이다.

첫 번째 무대에서는 등장하지 않던 청지기가 다음번 무대인 품삯 지불 현장에서 등장한 것도 헐트그렌 박사의 해석에 설득력이 있음을 보여 준다. 포도원 주인은 자신이 수족처럼 부릴 수 있는 청지기가 없는 사람이 아니었던 것이다.

새벽에 인력시장에 나타나 필요한 만큼의 품꾼을 데려간 포도원 주인은 왜 세 시간 후에 다시 인력시장에 나타난 걸까? 단지 품꾼이 더 필요했기 때문일까? 아니다. 포도원 주인은 새벽부터 인력시장을 가득 메운 품꾼들을 보았고, 그중에서 자신의 포도원에 필요한 숫자만큼만 데려온 것에 대해 내내 마음이 아팠던 것이다. 포도원에 돌아온 주인의 눈에는 인력시장에서 어슬렁거리는 수많은 품꾼들이 계속 아른거렸다. 아무리 잊으려 해도 아른거리는 품꾼들은 사라지지 않았다.

"김… 수한무, 거북이와 두루미 삼천갑자 동방삭 치치카포 사리사리 센터 워리워리 세브리카 무드셀라 구름위 허리케인에 담벼락…."

어쩌면 그는 이렇게 읊조리며 품꾼들을 떠올리지 않으려 애썼을지도 모른다. 이런 포도원 주인의 마음에 불현듯 궁금증이 일었다.

'인력시장에 그 많던 품꾼들은 과연 오늘의 일거리를 구했을까?'

일거리를 찾던 품꾼들의 애절한 얼굴을 외면할 수 없던 포도원 주인은 세 시간 만에 다시 인력시장에 나타난다. 만약 단지 품꾼이 더 필요했기 때문이라면 청지기를 대신 보내면 그만이었을 것이다. 하지만 포도원 주인은 자신이 직접 행차에 나선다.

해석 2. 두 번째 그룹에 품삯을 구체적으로 제시하지 않은 이유

인력시장에 다시 나타난 포도원 주인은 상황이 새벽과 별반 다르지 않은 것을 보고 마음이 짠하다. 그는 다시금 상당한 숫자의 품꾼을 데리고 포도원으로 향한다. 새벽 6시에 리크루팅한 품꾼들에게 한 데나리온의 합법적인 일당을 약속했던 포도원 주인이다. 그런데 아침 9시에 데려간 품꾼들에게는 구체적인 일당을 제시하지 않고 단지 이렇게만 말하고 있다.

> "내가 너희에게 상당하게 주리라"(마 20:4).

두 번째 그룹에게 정확한 액수를 제시하지 않은 것을 두고 헤르조그 박사는 힘없는 품꾼들에게 '따라올 테면 따라오고 말 테면 말라' 식의, 그러니까 포도원 주인의 위압적인 파워 과시로 해석했지만 헐트그렌 박사의 해석은 전혀 다르다.

우리말 성경에 '상당하게'로 번역된 헬라어 원어는 '디카이오스'(δίκαιος)다. 이것은 '공정하게'(just), '정의롭게'(rightful)를 의미한다. 포도원 주인은 두 번째 그룹의 품꾼들에게 공정하고 정의로운 품삯을 약속한 것이다. 그러면 품꾼들에게 '정의'란 무엇인가?

어쩌면 예수님이 다루시고자 한 주제도 바로 '정의'였던 것 같다. 이 세상에서 통용되는 경제 정의와 자신이 소개할 천국에서 통용되는 경제 정의가 서로 다르다는 것을 가르치고 싶었던 건 아닐까?

언뜻 정의롭게 보이지 않는 포도원 주인이 결국은 정의로운 사람이었다는 것이 '포도원 품꾼의 비유'가 갖고 있는 패러독스다. 그런 점에서 '상당하게'(정의롭게) 주겠다는 주인의 제안은 '포도원 품꾼의 비유'의 결론과 주제를 담고 있는 강력한 복선에 해당한다.

주인은 두 번째 그룹부터는 한 데나리온이라는 구체적인 품삯을 제시하지 않았지만, 상식적인 사람이라면 충분히 납득할 만한 품삯을 주겠다고 약속한 것이다. 다만 포도원 주인이 생각한 '정의'가 무엇인가는 가려진 채 그에 대한 궁금증과 긴장감이 점점 증폭된다. '정의'를 주제로 하는 이 비유가 담고 있는 고도의 수사학적 기교라 할 수 있다.

탈무드 문헌의 전신인 토세프타(t. Baba Mesia 7.1, 3)에는 정확히 일한 시간을 계산해서 차등을 두어 품삯을 지불하는 것과 관련된 규례가 나온다. 포도원 주인은 결코 품삯을 떼어먹으려는 게 아니었다. 통상적인 규례를 따라 공정하고 정의롭게 지불하겠다고 약속했고, 품꾼들은 그 약속을 믿고 주인을 따라온 것이다.

해석 3. 포도원 주인이 오후 3시에 인력시장에 나타난 이유

그런데 포도원 주인은 세 시간 후인 정오에도 다시 인력시장에 나타난다. 역시 새로운 품꾼을 데리고 떠날 때까지 인력시장을 가득 메운 품꾼들이 눈에 밟혔기 때문이다. 포도원 주인은 참으로 정이 많고 긍휼이 많은 사람이다. 포도원 주인은 다시금 상당한 숫자의 품꾼을 데리고 포도원으로 간다.

이런 포도원 주인이 세 시간 후인 오후 3시에 다시 인력시장에 나타난다. 인력시장으로 향하는 포도원 주인의 마음은 분명 이러했을 것이다.

'지금쯤은 품꾼들이 모두 일거리를 찾았겠지? 아마 인력시장도 지금쯤은 많이 한산해졌을 거야. 설마, 지금 시간이 대체 몇 신데!'

나름대로 이렇게 확신한 포도원 주인은 혹시나 하는 마음으로 인력시장에 갔을 것이다.

현대의 다마스쿠스 게이트에서 만나는 아랍인 인력시장은 아침에 잠깐 섰다가 철수한다. 그래서 아침에 일거리를 구하지 못한 사람들은 그날 하루 공쳤다고 생각한다. 시간이 지나면서 인력시장은 점점 한산해지고 정오 12시가 넘으면 완전히 파장 분위기가 된다. 점심 이후에 품꾼을 찾으러 나서는 고용주는 거의 없기 때문이다.

인력시장이 하루 품삯을 사고파는 곳이기 때문에 오후가 넘어서면 더 이상 그곳을 찾는 고용주가 없게 마련이다. 그런데 이게 웬일인가? 정오가 한참 넘은 오후 3시, 세상에 그 시간까지 인력시장은 일거리를 찾지 못해 어슬렁거리는 품꾼들로 가득했다. 가슴이 저미는 포도원 주인은 다시금 상당한 숫자의 품꾼들을 데리고 포도원으로 향한다.

해석 4. 문 닫기 한 시간 전인 오후 5시에 다시 나타난 이유

하루 일과를 마치고 포도원 문을 닫을 시간이 점점 다가온다. 오후 5시! 인력시장의 해도 뉘엿뉘엿 서편으로 넘어가는 시간이다. 하지만 포도원 주인의 마음은 여전히 인력시장에 가 있다. 오후 3시까지도 풀이 죽어 우두커니 앉아 있던 품꾼들! 이제 한 시간 후면 해가 질 텐데, 그들은 지금쯤 일거리를 찾았을까? 가엾은 품꾼들을 향한 긍휼의 마음은 다시금 포도원 주인의 발걸음을 인력시장으로 향하게 만든다.

그런데 포도원 주인의 눈에 참으로 놀라운 광경이 펼쳐진다. 한 시간 후면 해가 질 그 시간에도 인력시장은 여전히 품꾼들로 붐비고 있었던 것이다. 도대체 이게 어찌된 일인가? 갑갑한 마음에 포도원 주인은 어슬렁거리는 품꾼

중 하나를 붙잡아 이렇게 묻는다.

"너희는 어찌하여 종일토록 놀고 여기 서 있느냐"(마 20:6).

포도원 주인의 이 질문은 참으로 썰렁하다. 자못 씁쓸한 개그라 불러도 좋겠다. 예수님의 비유를 듣고 있던 청중 가운데 그들이 왜 그 시간까지 인력시장에서 어슬렁거리고 있는지 모르는 사람은 아무도 없었다. 하지만 이 질문을 던지는 포도원 주인은 품꾼을 세워 놓고 썰렁한 개그나 하자는 게 아니다. 가엾은 품꾼들을 향한 절절하고 애끓는 마음으로 이 같은 질문을 던지고 있는 것이다.

주인의 질문에 품꾼은 어깨를 늘어뜨리며 풀 죽은 목소리로 이렇게 대답한다.

"우리를 품꾼으로 쓰는 이가 없음이니이다"(마 20:7).

이들은 분명 일거리를 찾기 위해 그 시간까지도 인력시장을 기웃거리던 부지런한 사람들이다. 우리가 생각하듯 게으름뱅이도, 마약이나 알코올중독자도, 노름에 빠진 사람도 아니었다.

그러면 오후 5시까지 인력시장을 어슬렁거리던 이들은 과연 어떤 사람들일까? 이들 중 상당수는 고용주의 입장에서 본다면 품꾼으로 쓰기에는 최소한 한두 가지의 결격 사유가 있는 사람들일 것이다. 고용주들은 언뜻 봐도 힘깨나 쓰고 건장한 사람들을 품꾼으로 데려가게 마련이다. 그러니 오후 5시까지 어떤 고용주에게도 선택 받지 못한 이 사람들은 분명 힘쓰는 데 하자가 있는 사람들일 것이다.

예루살렘에 사는 한국 유학생들은 이사를 할 때 다마스쿠스 인력시장을 찾는데, 당연히 힘깨나 쓰는 사람을 서너 명 골라서 품꾼 계약을 맺는다. 하지만 막상 이삿집 현장에 나타난 사람은 전혀 엉뚱한 사람들인 경우가 부지기수다. 애초에 보아 둔 건장한 사람 셋이 아니라 건장한 사람 한 명에 인력시장에서 보지 못한 불청객 두 명이 따라붙는 것이다. 일종의 '끼워 팔기'다.

나의 경험에서 볼 때, 불청객 두 명은 건장한 일꾼의 자식과 아버지인 경우가 많았다. 일꾼의 아버지라면 막일을 하기에는 나이가 한참 많은 할아버지다. 어이가 없어서 계약 위반이라며 구시렁거리지만, 애초에 서면 계약서 따위는 쓰지도 않았으니 고스란히 당해야 한다.

따라온 할아버지는 '씩' 하니 해맑게 웃어 보이는데, 심하게 흔들거리는 앞니 두 개가 치아의 전부다. 그냥 내치자니 애처롭기 짝이 없는 얼굴이다. 한편 일하겠다고 따라온 건장한 일꾼의 자식은 어떤가? 자식은 대체로 아직 소년의 티도 벗지 못한 아이이다.

이렇게 한 조를 이뤄 나타나서는 대충 농땡이를 피우다가 일당만 챙기고 훌쩍 떠나간다. 때로는 일당보다 더 많은 팁을 요구하며 고용주와 실랑이를 벌이기도 한다. 그렇게 몇 번 아랍인 품꾼들에게 당하고 나면 좀 비싸더라도 차라리 유대인 이삿짐센터를 부르게 된다. '싼 게 비지떡'이란 말은 예루살렘에서도 통하는 보편적인 경구였다.

아빠
배고파..
에휴

해석 5. 한 데나리온을 동냥하지 않고 굳이 포도원에 데려간 이유

그러면 해가 저물기 한 시간 전까지 인력시장을 배회하던 품꾼들의 심정은 과연 어떠했을까? 이들은 일몰 시간이 얼마 남지 않았는데도 집에 돌아갈 엄두를 내지 못하고 있다. 이대로라면 하루를 완전히 공치고 빈털터리로 집에 돌아갈 판이다. 돈 한 푼 손에 쥐지 못한 채 뱃가죽이 등에 붙은 자식의 허기진 몰골을 어떻게 대한단 말인가?

그렇다고 인력시장에서 계속 버틴다고 무슨 뾰족한 수가 있겠는가. 일몰이 가까운 그 시간에 자신들을 품꾼으로 고용해 줄 고용주가 나타날 리 없었다. 이들은 이러지도 저러지도 못한 채 인력시장을 어슬렁거렸을 것이다. 극단적인 절망감(hopeless hope)이 이들의 내면을 지배하고 있지 않았을까?

'왜 어슬렁거리며 놀고 있느냐'는 포도원 주인의 질문에 이들은 대답한다.

> "우리를 품꾼으로 쓰는 이가 없음이니이다"(마 20:7).

이렇게 말하는 품꾼들의 항변은 결국 이런 것이다.

"우리는 간절히 일하고 싶다. 기꺼이 일하고 싶다. 일할 만반의 준비가 되어 있다. 우리는 절대로 포기할 수 없다. 우리라고 이렇게 빈둥거리는 게 좋아서 이러는 줄 아는가?"

희망의 서광이 완전히 꺼질 때까지 이들은 인력시장에서 버티고 또 버틸 참이었다. 어떤 학자들은 여기서 모든 사람에게는 일할 권리가 있다는 중요한 경제적 원리를 강조하기도 한다.

포도원 주인은 다시금 이들을 데리고 포도원으로 향한다. 그 시간에 품꾼들을 데리고 가는 게 무슨 의미가 있을까? 포도원까지 가는 데만도 이미 남은 시간의 상당 부분이 흘러갈 것이다. 하지만 품꾼을 향한 긍휼의 마음은 포도원 주인으로 하여금 그런 산술적이고 경제적인 사고를 할 여유를 주지 않는다.

품꾼들이 불쌍했다면 그냥 이렇게 말했으면 어땠을까?

"여기 한 데나리온이 있소. 이걸로 음식을 사서 가족에게 돌아가시오."

하지만 포도원 주인은 품꾼들에게 값싼 동정은 베풀지 않는다. 그런 식의 동정은 자칫 가진 게 자존심밖에 없는 이들에게 모멸감만 안겨 줄 뿐이다. 포도원 주인은 대신 그들이 간절히 원하던 일자리를 제공했다. 그렇게 함으로써 그들의 자존심도 지켜 주고 잠깐이나마 일의 보람도 느끼게 해주고 싶었던 것이다. 주인은 품꾼들의 육체적 욕구와 정신적 욕구 모두에 놀라울 정도로 민감하게 반응하고 있다.

이상은 포도원 주인의 거듭된 리쿠르팅을 두고 헐트그렌 박사가 제시한 해석이다. 그는 각각의 상황에 대해서 나름 설득력 있는 해석을 제시하면서 포도원 주인을 천국의 커버모델로 삼아도 아무 손색이 없는 긍휼과 자비의 사람으로 묘사하고 있다.

거듭 강조하지만, 포도원 주인의 반복적인 품꾼 리크루팅에 대한 이해는 '포도원 품꾼의 비유'를 올바로 파악하기 위한 중요한 실마리다. 이 부분을 해석하는 데 있어 헤르조그 박사와 헐트그렌 박사는 전혀 다른 입장을 견지

하고 있다.

두말할 필요 없이 나는 헐트그렌 박사의 해석을 지지한다. 단순한 지지가 아니라 전폭적으로, 그리고 경의를 표하면서. 헐트그렌 박사의 해석이야말로 '포도원 품꾼의 비유'를 통해 예수님이 소개하고 싶던 천국의 모습에 가장 근접한 해석이라고 나는 확신한다.

chapter

04

포도원 주인은 왜 일하러 온 순서와는 정반대로 품삯을 지불했을까?

역전된 품삯 지불, 고도의 문학적 장치

포도원 주인은 경제적인 원칙에 따라 품삯을 지불한 것이 아니라 각자의 필요에 따라 품삯을 지불했다. 보통 포도원 주인 같았으면 새벽에 나온 사람에게 한 데나리온의 품삯을 약속했으니까 맨나중에 온 이들에게는 1/12 데나리온만 주었을 것이다. 하지만 비유 속의 포도원 주인은 '일한 만큼'이 아니라 '필요한 만큼'의 품삯을 지불했다.

드디어 하루 일과가 끝났다. 해가 지면서 포도원에도 일몰의 휴식이 찾아왔다. 새벽부터 불려 와 꼬박 12시간을 일한 품꾼들은 이 시간쯤 완전히 녹초가 되었을 것이다. 품꾼을 찾아 포도원과 인력시장을 무려 다섯 차례나 왔다 갔다 하던 포도원 주인에게도 그날은 참으로 길고도 지친(long and exhausting) 하루였다.

해가 지자 본격적인 품삯 지불이 시작된다. 물론 지금부터 제2막의 새로운 무대가 펼쳐진다. 포도원 주인이 품꾼을 찾으러 포도원과 인력시장을 왔다 갔다 하던 제1막의 무대는 언뜻 보면 너무 단순해서 지루할 수 있다. 하지만 1막의 무대에서 스토리텔러이신 예수님이 곳곳에 매설해 놓은 지뢰들은 이어진 2막에서 펑펑 터지게 된다.

이번 장에서 본격적으로 다룰 부분은 품삯 지불과 관련된 제2막, 즉 8–10절 말씀이다. 제2막은 견딜 수 없는 궁금증을 안고 시작한다. 제1막에서 제기되었던 문제들, 하지만 해결책은 없이 차일피일 미뤄지기만 하던 문제들이 과연 제2막에서 순조롭게 해결될 것인가? 두 번째 그룹부터 주인은 구체적인 품삯을 제안하지 않고 그저 '상당하게'(정의롭게) 주겠다고만 한다. 과연 포도원 주인이 말한 '정의'와 품꾼들이 기대한 '정의'는 일치할 것인가, 아니면 어긋날 것인가? 어긋난다면 얼마나 어긋날 것인가?

하지만 이런 궁금증에 대한 해답도 제2막의 무대 시작과 함께 펼쳐지는 우스꽝스런 품삯 지불 장면으로 인해 잠시 유보된다. 포도원 주인은 청지기에게 품삯 지불을 맡긴다. 그런데 그 순서가 참으로 요상하다. 주인이 품꾼들을 포도원에 불러 온 순서와 정확히 역순으로 품삯을 지불한 것이다. 왜 그랬을까? 제2막의 시작과 함께 새롭게 일기 시작한 궁금증은 제1막에서 청중이 품던 궁금증들을 일거에 날려 버린다.

포도원 주인은 왜 불러 온 순서와는 정반대의 역순으로 품삯을 지불하도록 명령한 것일까? 물론 이 부분도 '포도원 품꾼의 비유'를 이해하기 위한 결정적인 열쇠다.

숨어 있던 청지기의 등장

제2막의 종이 울리면서 품삯 지불이 시작된다. 똑같은 품삯 지불을 놓고 고용주와 고용인이 느끼는 감정은 참으로 상반된다. 고용주들은 월급날이 너무 빨리 다가온다고 느끼고, 고용인들은 그날이 너무 더디게 온다고 느끼기 때문이다. 비유 속에 등장하는 고용주인 포도원 주인도 그랬을까?

예수님의 비유를 듣고 있던 청중이 품삯 지불 장면에서 가장 먼저 충격을 받는 부분은 뭐니뭐니해도 갑작스런 청지기의 등장이다. 제1막인 다섯 차례에 걸친 품꾼 리크루팅 무대에서는 꽁꽁 숨어 있던 청지기가 제2막의 무대에서 마침내 자신의 모습을 드러낸 것이다.

> "저물매 포도원 주인이 청지기에게 이르되 품꾼들을 불러 나중 온 자로부터 시작하여 먼저 온 자까지 삯을 주라 하니"(마 20:8).

비유의 결론을 뻔히 알고 있는 현대의 성경 독자들에게는 그리 놀라울 것도 없겠지만, 예수님의 입에서 나오는 스토리를 귀로 들으며 따라가던 1세기 유대인 청중에게 갑작스런 청지기의 등장은 무척이나 쇼킹했을 것이다. 이로써 포도원 주인에 대해 청중이 가졌던 많은 의구심 가운데 하나가 해결되면서 그의 정체가 드디어 한 꺼풀씩 벗겨지기 시작한다. 포도원 주인은 결코 청지기도 둘 수 없을 만큼 소박한 부자가 아니었던 것이다. 그는 모든 것을 갖춘 상당한 재력가요 부자였음이 밝혀졌다.

제1막을 통해 '포도원 주인은 왜 직접 인력시장을 찾아갔을까?' 하는 의구심을 갖고 있던 청중은 갑작스런 청지기의 등장으로 인해 다시금 포도원 주인의 품꾼 리크루팅을 뒤돌아보게 된다.

'청지기가 없어서 그런 줄 알았는데… 포도원 주인은 청지기가 있으면서도 왜 자신이 직접 인력시장을 찾아온 걸까? 그 이유가 뭘까?'

참으로 별난 포도원 주인(?)

하지만 이런 반추의 시간도 청중은 예수님이 제2막에서 기획하신 또 다른 깜짝 쇼로 인해 길게 가져 보지도 못한다. 포도원 주인은 갑자기 나타난 청지기에게 요상 망측한 명령을 내린 것이다.

> "품꾼들을 불러 나중 온 자로부터 시작하여 먼저 온 자까지 삯을 주라."
> (마 20:8).

포도원 주인은 청지기에게 포도원에 불러 온 순서와는 역순으로 품꾼들에게 품삯을 지불하라고 명령한 것이다. 비유를 듣던 청중은 제1막에서 품던 포도원 주인의 품꾼 리크루팅에 대한 반추를 잠시 접어 두고 새로운 궁금증이 일기 시작한다. 왜일까? 도대체 왜 거꾸로 품삯 지불을 하라는 걸까? 불러 온 순서대로 주는 것도 아니고, 그렇다고 무작위로 세워서 주는 것도 아니라면, 왜 굳이 불러 온 순서와 정확히 역순으로 해서 품삯을 지불하라고 지시한 걸까? 이 장면을 듣고 있던 청중은 속으로 생각한다.

'참으로 별난 포도원 주인일세. 정말 알다가도 모를 사람이야!'

부푼 기대감: 때로는 김칫국만 마시고도 배가 부르다

드디어 기다리던 품삯 지불을 향해 카운트다운이 시작되었다. 포도원이 문 닫을 즈음인 오후 5시에 들어온 마지막 품꾼들부터 품삯이 지불된다. 이들보다 일찍 와서 일을 한 다른 품꾼들의 눈길은 일제히 그들이 받게 될 품삯으로 향한다. 그리고 생각한다.

'과연 얼마가 지불될까? 한 시간밖에 일하지 않았으니 1/12데나리온인가? 하지만 그건 너무 야박하지 않은가? 그것 가지고는 한 사람도 풀칠하기 어렵지 않은가. 포도원 주인의 인상이 선해 보이니 웃돈을 좀 올려 줄지도 모르지.'

이런 저런 생각을 하던 품꾼들의 눈이 갑자기 휘둥그레진다. 그들은 12시간을 꼬박 일해야 받을 수 있는 한 데나리온의 품삯을 받은 것이다.

> "제십일시에 온 자들이 와서 한 데나리온씩을 받거늘"(마 20:9).

자기 눈으로 직접 보면서도 도무지 믿기지 않는다. 품꾼 생활 몇 십 년에 이런 광경은 처음 본다. 이런 포도원 주인도 처음 본다. 그러고는 포도원 주인의 얼굴을 한 번 힐금 쳐다본다. 언뜻 선해 보이던 그의 인상이 이제는 천사로 보이기까지 한다. 그에 대한 의구심이 완전히 가신 지도 이미 오래다.

나머지 품꾼들의 머릿속은 점점 복잡해진다. 하루 벌어서 하루 먹고살던 품꾼들의 일상은 한마디로 단순함과 지루함의 반복이다. 운 좋게 그날 일이 있으면 먹고, 재수 없게 일이 없으면 굶는다. 아무리 허리 휘게 일해도 품삯은 더도 말고 덜도 말고 한 데나리온이다. 그것도 악덕 고용주를 만나면 얼마 안 되는 품삯마저 후려치기 일쑤지만, 그런 것은 애초에 자기 소관이 아니다. 그저 오늘 하루 재수 옴 붙었다고 생각할 밖에. 그런데 복잡할 게 없는 품꾼들의 삶이 갑자기 요상한 주인을 만나 한없이 복잡해진 것이다.

'한 시간밖에 일하지 않은 저 그룹에게 하루 품삯인 한 데나리온이 주어졌다면? 그렇다면… 나는?'

12시간을 꼬박 일한 품꾼들은 얼른 계산해도 12데나리온이라는 돈이 나온다. 그것은 품꾼들에겐 굉장한 거금이었다. 앞으로 열흘가량 공치더라도 생계에 지장이 없는 목돈이다. 저마다 만면에 미소가 떠오른다. 왠지 흐뭇해지고 절로 콧노래가 나온다. 하루의 모든 피로가 순식간에 사라지고, 안 먹어도 배가 부른 듯하다.

나머지 품꾼들은 저마다 기본급 한 데나리온에 얹어질 플러스알파의 보너스를 계산하느라 분주하다. 김칫국부터 마시는 게 이렇게 행복할 줄이야….

점증하는 의구심, 마침내 분노로 폭발

그런데 나머지 품꾼들에게 주어진 품삯은 첫 그룹과 동일했다. 그들에게도 역시 한 데나리온의 품삯만 주어진 것이다.

> "먼저 온 자들이 와서 더 받을 줄 알았더니 그들도 한 데나리온씩 받은지라"(마 20:10).

스토리텔러이신 예수님은 이 상황을 간단히 한 구절로 일축하고 있다. 하지만 가만히 우리가 이 상황 속으로 들어가 본다면 이것이 그렇게 단순하지 않음을 알 수 있다.

우리는 이 부분에서 점증하는 긴장감을 느껴야 한다. 1시간밖에 일하지 않은 사람에게 한 데나리온의 품삯이 주어졌다. 다음은 3시간 일한 품꾼들이다. 플러스알파에 대한 나름의 기대를 품고 이들이 청지기 앞에 일렬로 줄을 선다. 청지기가 내민 품삯 명세서를 열어 본 품꾼들의 얼굴은 이내 실망감으로 일그러진다. 3시간 일한 품꾼들에게도 역시 한 데나리온의 품삯이 주어진 것이다. 도대체 왜?

하지만 아직 분통을 터뜨리기에는 시기상조다. 사태의 추이를 좀 더 관망해 볼 필요가 있는 것이다. 다음은 6시간 일한 품꾼들이다. 혹시나 하는 기대감과 혹시 모를 불길함이 동시에 이들을 엄습한다. 혹시나 하는 기대감이 역시나 하는 실망감으로 바뀌는 데는 오랜 시간이 걸리지 않는다. 이들에게도 한 시간 일한 품꾼들과 같은 한 데나리온의 품삯이 주어진 것이다.

이제는 품꾼들뿐 아니라 비유를 듣고 있던 청중 중에도 분을 삭이지 못하고 씩씩대는 사람이 보인다. 이런 가운데 다시금 새로운 그룹인 9시간 일한 품꾼들이 청지기 앞에 일렬로 줄을 선다. 혹시나 하는 기대감보다는 불길한 예감이 이들을 강력하게 지배한다. 역시 이들에게도 똑같은 금액인 한 데나리온의 품삯이 주어진다.

마침내 새벽부터 12시간을 꼬박 일한 품꾼들이 마지막으로 줄을 선다. 이들에게도 역시나 한 데나리온이 쥐어졌다. 기대감에서만 본다면 이들보다 더 큰 기대감을 품은 품꾼도 없을 것이다. 하지만 기대감이 큰 만큼 실망감도 큰 법이다. 플러스알파에 대한 기대감은 이처럼 뒤로 갈수록, 즉 더 많은 시간을 일한 품꾼일수록 점점 커졌을 것이다. 3시간 일한 그룹은 3데나리온, 6시간 일한 그룹은 6데나리온, 9시간 일한 그룹은 9데나리온, 12시간 일한 그룹은 12데나리온을 기대하지 않았을까?

하지만 이들은 모두 1시간밖에 일하지 않은 품꾼들과 동일하게 한 데나리온의 품삯을 받았다. 실제 받은 품삯과 기대치 간에 격차가 크면 클수록 실망감도 커지는 법이다. 품꾼들의 의구심은 점점 더 타오르기 시작한다. 그리고 마침내 활화산 같은 분노로 폭발할 것이다.

품삯 지불을 다루고 있는 제2막의 무대를 가지고 드라마를 만든다면 담당 PD는 아마도 이런 효과음을 깔지 않을까 싶다. 큰 북이 둥, 둥, 둥, 둥 울린다. 그런데 그 북소리는 점차 빠른 리듬으로 울려댄다. 점증하는 분노, 그 분노는 마침내 폭발하고야 만다. 마치 계속 불어만 대는 풍선이 종국에 가서는 펑 소리를 내면서 터지는 것처럼. 마침내 주인이 포도원을 연 이래 최초로 노사분규가 발생한 것이다.

우르르-
콰광-

모두의 행복이 순식간에 모두의 불행으로…

제2막은 품삯 지불 과정만 빠른 전개를 통해 보여 주고 있다. 하지만 제2막의 커튼이 서서히 내려가고 있을 때 비유를 듣던 청중은 제3막의 무대가 어떻게 시작될지 충분히 예상할 수 있었다. 품꾼들의 대동단결과 그에 따른 노사분규가 촉발될 것이 빤하지 않은가?

언뜻 볼 때 노사 갈등과 분규의 1차적인 책임은 포도원 주인에게 있다. 주인이 품꾼들에게 품삯을 지불할 때, 포도원에 들어와서 일한 순서를 따라 지불했다면 아무런 문제가 없었을 것이다. 새벽부터 불려 와 꼬박 12시간을 일한 품꾼은 주인이 주는 한 데나리온의 품삯을 받고 흐뭇한 미소를 지으며 곧장 집으로 향했을 것이다. 굳이 끝까지 남아서 나머지 품꾼들이 얼마나 받을지 궁금해할 필요가 없다.

그러니 문제는 품삯을 지불한 순서에 있었다. 일한 순서대로 지불했으면 모두가 만족했을 것을 거꾸로 지불함으로써 모두가 불평하는 상황이 되고 만 것이다. 물론 1시간만 일하고도 한 데나리온을 받은 품꾼은 만족스웠겠지만, 그들 역시 만족감을 만끽하지는 못했을 것이다. 과분한 대우에 어안이 벙벙하면서도 자기들보다 훨씬 더 많이 일한 나머지 품꾼들에게 미안했을 것이다. 이렇듯 모두가 행복할 수 있는 상황이 주인의 농간(?)으로 모두가 불행한 상황이 되고 말았다.

역전된 품삯 지불 순서! 이것은 '포도원 품꾼의 비유'에서 또 다른 중요한 핵심이다. 하지만 분명히 알아야 할 것은 지불 순서를 뒤집은 것에 대해 품꾼들이 불평한 건 아니란 사실이다. 중요한 건 품삯의 많고 적음이었다. 그러므로 품삯 지불 순서의 역전은 맨 처음 일한 사람들의 기대감을 자극하고 반발을 유도하려는 고도의 문학적 장치에 불과하다.

아울러 우리는 모든 품꾼에게 한 데나리온의 품삯 지불이라는 모종의 합의가 주인과 청지기 사이에서 이미 이루어진 점에 주목해야 한다. 청지기는 각각 다른 시간을 일한 품꾼들에게 일괄적으로 한 데나리온의 품삯을 주었다. 새로운 품꾼 그룹이 들어설 때마다 포도원 주인이 청지기에게 일일이 지시하지 않았다는 것이다. 이 부분을 비유는 다음과 같이 이야기하고 있다.

> "저물매 포도원 주인이 청지기에게 이르되 품꾼들을 불러 나중 온 자로부터 시작하여 먼저 온 자까지 삯을 주라 하니"(마 20:8).

우리말 성경에 '삯'으로 번역된 단어는 헬라어 성경에는 하루치의 온전한 일당을 의미하는 '미스도스'(μισθός)로 되어 있다. 아랍어 성경은 하루 온종일 일당을 의미하는 헬라어의 원뜻을 수백 년간 잘 보존해서 번역해 왔다.

품꾼들은 나름대로 얼마의 품삯을 받을까 기대하며 상상의 나래를 폈지만, 포도원 주인과 청지기는 모두에게 균등한 한 데나리온의 온전한 하루치 품삯을 주자고 이미 모종의 합의를 본 상태였다.

품꾼 일동, 전체 주목!

그렇다면 포도원 주인은 왜 품삯 지불 순서를 바꾸었을까? 이를 통해 포도원 주인이 의도한 바는 무엇일까? 이 부분에 대한 해석 역시 '포도원 품꾼의 비유'가 주는 전체적인 교훈과 메시지를 파악하는 데 중요한 포인트가 된다.

이 부분을 해석하기 위해 포도원 주인의 행동을 다시 한 번 음미해 보자.

포도원 주인은 청지기를 시켜 품꾼들을 한 자리에 불러 모았다. 그러곤 포도원에 들어온 순서와 정확히 역순으로 품삯을 지불할 것을 지시한다. 한 자리에 불러 모은 뒤 역순으로 지불한 것이다. 비유 속의 품삯 지불 장면은 다분히 스토리텔러이신 예수님이 의도적으로 꾸며 낸 설정이다. 현실에서는 분명 찾아보기 힘든 장면이다. 이것은 무엇을 의미할까?

포도원에 들어온 순서대로 지불했다면 품꾼들은 품삯을 받고 즉시 뿔뿔이 흩어졌을 것이다. 하지만 한 자리에 불러 놓고 역순으로 지불했더니 품꾼들은 이후에 전개되는 상황을 주시하며 자기 자리를 지켰다. 포도원 주인이 굳이 품꾼들에게 이렇게 고함을 지를 필요도 없었다.

"전체, 주목! 품삯을 받은 품꾼들은 자리를 뜨지 말고 잠시 제자리를 지켜 주세요. 제발 5분만이라도…."

포도원 주인은 품삯 지불을 통해 자신의 포도원에서 일한 품꾼들 모두에게 하고 싶은 이야기가 있었던 것이다. 구차한 장광설이 아닌 단순한 품삯 지불 행위를 통해 품꾼들에게 가르쳐 주고 싶은 중요한 메시지가 있었던 것이다.

자, 한 데나리온 씩..
기다려
보자구..

품꾼의 사정은 품꾼이 알아줘야 한다

그러면 포도원 주인이 품꾼들을 한데 모아 놓고 가르치고 싶은 교훈은 무엇이었을까? 포도원 주인은 품꾼들을 향한 긍휼과 자비로 가득한 사람이다. 인력시장을 다섯 번이나 찾아간 것도 한 사람의 품꾼에게라도 더 일자리를 제공하려는 의도에서였다. 주인은 품꾼들의 절박한 사정을 잘 알았기에 한 시간밖에 일하지 않은 품꾼들에게도 하루치에 해당하는 한 데나리온의 품삯을 준 것이다. 최소한 한 데나리온이라도 손에 쥐어야 그날 하루치 식량을 사들고 집에 돌아가 가족을 먹일 수 있기 때문이다.

포도원 주인은 경제적인 원칙에 따라 품삯을 지불한 것이 아니라 각자의 필요에 따라 품삯을 지불했다. 보통 포도원 주인 같았으면 새벽에 나온 사람에게 한 데나리온의 품삯을 약속했으니까 맨나중에 온 이들에게는 1/12 데나리온만 주었을 것이다. 하지만 비유 속의 포도원 주인은 '일한 만큼'이 아니라 '필요한 만큼'의 품삯을 지불했다.

'법보다 사람이 먼저'라는 말이 있다. 때로는 원칙도 중요하지만 먼저 사람을 살려야 한다. 한 시간 일한 품꾼에게 원칙을 칼같이 따져서 고작 1/12데나리온의 품삯만 준다면 어떻게 될까? 포도원 주인은 그럴 경우 품꾼에게 벌어질 상황을 잘 알기에 율법이 규정한 품삯을 무시하고 긍휼을 베푼 것이다. 포도원 주인은 자신이 품꾼들을 긍휼히 여긴 것처럼 품꾼들도 서로에게 그런 긍휼의 마음을 가지기를 바란 것이다. 이것이 포도원 주인이 품꾼들을 모아 놓고 가르치고 싶던 메시지였을 것이다.

사실 포도원 주인은 소위 밑바닥 인생을 사는 품꾼들과는 전혀 다른 세상과 전혀 다른 차원의 삶을 살던 사람이다. 그는 흔히 말하는 소수 특권층이나 사회지도층이었다. 이런 부류의 사람들은 밑바닥 인생을 살아가는 수많은 민초들의 삶을 알지 못한다.

국내 굴지의 대기업 총수의 아들, 그러니까 재벌 2세로 태어나 최고의 엘리트 코스만 밟아 온 J국회의원은 한때 버스 요금과 삼겹살 한 근의 값이 얼마인지도 몰라 구설수에 오른 적이 있다. 그는 왜 버스 요금과 삼겹살 한 근 값 때문에 구설수에 올라야 했을까? 바로 버스 요금과 삼겹살은 애달픈 서민들의 삶과 직결된 '무엇'이기 때문이다.

최근 안방극장을 뜨겁게 달군 〈시크릿 가든〉이란 드라마가 있다. 재벌 3세로 태어나 소수의 사회 지도층으로 살아가던 김주원(현빈 분)은 스턴트우먼으로서 성실하게 살아가는 가난하고 소외된 이웃 길라임(하지원 분)을 사랑하게 된다. 길라임을 향한 김주원의 사랑이 무척이나 진지했음을 나는 김주원의 행동을 통해 알 수 있었다.

사회 지도층인 김주원은 가난하고 소외된 이웃인 길라임을 이해하기 위해 《왜 세계의 절반은 굶주리는가》 같은 책을 읽으며 나름 열심히 공부하고 노력한다. 하지만 이런 책을 읽는다고 해서 가난이 이해되는 것은 아니다. 그래서인지 김주원은 길라임과 영혼이 바뀌는 몇 차례의 경험을 통해 책을 통해서는 이해할 수 없던 가난한 소시민의 삶을 비로소 이해하게 된다.

고대부터 현대까지 인간 사회에는 언제나 피라미드식 사회 계층이 존재했다. 그 피라미드의 맨 꼭대기를 차지한 사회 지도층은 사회의 밑바닥을 든든하게 받치고 있는 절대 다수의 가난하고 소외된 삶을 이해하지 못한다. 그들의 애환과 슬픔을 이해하지 못할뿐더러 굳이 이해하려고도 하지 않는다. 이들은 다수의 민초들과는 철저히 구별된 삶, 즉 자신이 소수의 특권층임을 매 순간 확인해 주는 차별된 삶을 즐기고, 그럴 때 만족감을 느낀다. 평등이 아니라 차별, 이것이 소수 특권층의 심리이고 본능이다.

그런데 '포도원 품꾼의 비유'에 등장하는 포도원 주인은 우리가 현실 속에서 흔히 볼 수 있는 그런 소수의 특권층과는 확실히 다른 캐릭터다. 포도원 주인은 자신과는 전혀 다른 세상을 살아가는 품꾼들의 애환과 슬픔에 깊은 동정을 보이고 있다. 이것은 참으로 쉽지 않은 모습이다.

포도원 주인이 자신과는 전혀 다른 품꾼들을 향해 이런 동정과 긍휼을 보였다면 품꾼들은 어떻게 해야 할까? 그들 역시 같은 처지에 있는 서로를 향해 더할 나위 없는 동정과 긍휼을 보여야 하지 않겠는가? '동병상련'(同病相憐)이란 말도 있지 않은가? 아마도 이것이 포도원 주인이 품꾼들을 한데 모아 놓고 가르치고자 한 중요한 메시지가 아니었을까?

인간 심리를 고발하다

우리는 '일한 만큼 정당한 보수를 받는다'는 자본주의적 신념으로 가득 차 있고 이런 신념하에 '포도원 품꾼의 비유'를 대할 때 문화적, 종교적 충돌을 피할 수 없다. 하지만 '포도원 품꾼의 비유'는 이러한 충돌을 통해서 인간 심리를 통렬하게 고발하고 있다. 우리가 만약 처음부터 포도원에 불려 와서 일한 품꾼에 대해 심정적인 동조를 보인다면 우리에게는 심리적인 면에서 두 가지의 근본적인 문제가 있음을 알게 된다.

첫째, 이웃과 비교하는 모습이다. 문제는 늘 비교하는 데서 시작된다. 만일 비유에서 품삯 지불이 밀실에서 주인과 품꾼 개개인 간에 이뤄졌다면, 그래서 누가 얼마를 받았는지 전혀 몰랐다면 어땠을까? 물론 하등의 문제도 일어나지 않았을 것이다. 사실 누가 얼마를 받든지 간에 그것은 주인이 알아서 할 일이다. 주인이 자신과 맺은 계약을 이행하지 않고 품삯을 체불했다면 문제가 되겠지만, 주인이 계약을 충실히 이행했다면 다른 사람에게 얼마를 더 주고 덜 주든 상관할 바가 아니다.

하지만 '포도원 품꾼의 비유'의 독특하고 의도적인 설정은 품삯 지불이 공개적으로 이루어졌다는 데 있다. 맨 나중에 온 지각생들이 한 데나리온을 받는 모습을 목격한 사람들은 즉시 자기가 받을 임금과 비교하기 시작한다. 남과 비교하는 순간 약속된 자신의 품삯은 보이지 않고 동료가 받은 후한 품삯에만 관심이 쏠린다. 남의 떡이 더 커 보이기 때문이다.

남과 비교하는 순간 우리 마음에 기쁨이 사라지고 대신 불평불만이 자리를 잡는다. 주인의 처사에 불평불만이 생기고 급기야 삿대질하며 따지더니 임금 투쟁과 고소 고발로 이어진다.

둘째, 끝없이 계산하는 모습이다. 우리는 본능적으로 자신을 위해서는 많이 계산하고 남을 위해서는 적게 계산한다. 부동산을 사고팔 때도 매도자는 가능한 한 더 많이 받을 계산을 하고 매수자는 가능한 한 더 적게 줄 계산을 한다. 고용주는 임금을 적게 줄 계산을 하고 고용인은 많이 받을 계산을 한다. 이 같은 차이 때문에 갈등이 생기는 것이다.

비유 속의 품꾼은 자신에게 약속된 품삯만 챙기면 되는데 다른 사람과 비교하고 계산하면서 더 많은 품삯을 주인에게 요구하고 있다. 계산은 양과 관련되어 있다. 그러나 천국은 양으로 계산할 수 있는 나라가 아니다. 우리의 공로나 업적을 계산해서 그 양의 많고 적음에 따라 들어가는 곳이 아니다. 오직 하나님의 은혜로만 들어갈 수 있는 나라인 것이다.

많고 적음을 계산하는 우리의 욕심 때문에 분쟁과 분열이 끊이지 않는다. 그런데 신기하게도 우리의 계산에는 권리는 있으나 의무와 책임은 빠져 있다. 우리는 왜 계산을 할까? 받아 낼 것이 있다는 채권자 의식 때문이다. 채무자 의식을 가진 사람은 그렇게 자기 중심적인 계산을 할 수가 없다.

맨 나중에 온 사람이 한 시간만 일하고서도 한 데나리온을 받은 것은 그의 공로 때문이 아니다. 주인의 긍휼과 자비 때문에 그렇게 받은 것이다. 주인의 은혜에 큰 빚을 졌으므로 그저 감사하고 겸손해할 따름이다. 그러나 맨 처음에 온 사람은 빚진 자 의식이 전혀 없었다. 그 역시 자신에게 주어진 한 데나리온을 주인의 선물로 이해하고 맨 나중에 온, 그 불쌍한 이웃에 대해서도 채무자 의식을 가졌더라면 상황이 달라졌을 것이다. 나중에 온 동료가 한 데나리온의 임금을 받아 가지 못할 경우 온 가족이 굶주림에 떨 것이라는 사실을 기억하면서 먼저 고용된 것에 대해서 그에게 빚진 자 의식을 가졌더라면 그렇게까지 분개하지는 않았을 것이다.

chapter

05

품꾼들의 불평불만은 과연 정당한가?

포도원에서 발생한 노사분규

품꾼들을 다섯 차례나 고용한 포도원 주인은 첫 번째 품꾼을 제외하고는 나머지 품꾼들 모두에게 기대 이상의 품삯을 지불했다. 이런 주인의 행동은 마치 자기 소유를 마음껏 기부하는 관대함의 전형을 보여 준다. 주인의 이런 관대함을 보지 못하는 첫 번째 품꾼들의 문제는 그들이 오로지 자기 것에만 관심을 두고 있다는 것이다.

품삯 지불 장면만을 집중적으로 다룬 제2막의 커튼이 내려간 뒤 제3막의 커튼이 올라가기까지 적막이 흐른다. 하지만 그 적막은 객석에서 들려오는 청중의 웅성거림과 한숨 소리로 인해 곧 깨지고 만다. 비유 속의 품꾼들이 반응하기 전에 비유를 듣던 청중이 먼저 반응을 보인 것이다. '포도원 품꾼의 비유'가 다루고 있는 문제는 다름 아닌 품삯 문제가 아닌가? 고대부터 현대까지 과연 누군들 품삯(salary) 문제에서 자유로울 수 있을까?

청중은 더 이상 객석에 앉아 있는 제3자가 아니다. 제3막의 시작과 함께 수틀리면 언제라도 무대 위로 뛰쳐올라 소매를 걷어붙이고 품꾼들과 합세할 기세다. 이렇게 분위기가 한껏 달아올랐다면 그야말로 대성공이다. 그것이 스토리텔러이신 예수님이 의도하신 바가 아니던가? 품삯 지불 순서를 뒤집음으로써 포도원 주인이 품꾼들에게 하고픈 이야기가 있었던 것처럼, '포도원 품꾼의 비유'를 말씀하신 예수님도 비유를 듣고 있던 청중에게 꼭 해주고 싶은 이야기가 있었을 것이다.

어찌되었든 분위기는 한창 고조되고 있었다. 비유 속의 품꾼들과 비유를 듣던 1세기 유대인 청중, 어디 이뿐인가? 이 비유를 읽고 있는 현대의 성경 독자들까지도 후끈 달아오르고 있지 않은가? 도대체 포도원 주인은 이 사태를 어떻게 해결할 것인가? 언뜻 봐도 포도원 주인이 불공정해 보이는데, 과연 포도원 주인이 생각하고 가르치고자 한 '정의'(justice)는 무엇이란 말인가?

이번 장에서 집중적으로 다루고자 하는 내용은 품꾼들의 불평불만과 이에 대한 포도원 주인의 반응이다. 이를 통해 우리는 마침내 '포도원 품꾼의 비유'가 주는 대단원의 주제를 파악하게 될 것이다. 그동안 찔끔찔끔 단지 복선으로만 암시되던, 무심코 넘어가면 전혀 느낄 수 없는 지뢰와 숨은 그림들이 이제야 본격적으로 모습을 드러낼 것이다. 곳곳에 매설된 지뢰들은 순차적으로 펑펑 터질 것이고 숨은 그림들도 밝히 드러날 것이다.

품꾼들의 분노는 과연 정당한가?

그리고 포도원 주인의 행동은 과연 정당한가?

'포도원 품꾼의 비유'를 통해 예수님이 가르치시고자 한 천국의 '정의'란 과연 무엇인가?

마침내 터진 노사분규: 분기탱천한 노조위원장의 등장

드디어 제3막의 커튼이 서서히 올라가고 있을 때, 스포트라이트는 무대 위의 한 인물을 비추고 있다. 그날 포도원에서 함께 일한 전체 품꾼들을 대표해서 선출된 노조위원장이 바로 그 사람이다. 이마에 붉은색 띠를 두른 그의 눈빛은 언뜻 보아도 타오를 듯 강렬하다.

포도원 주인의 불공정한 처사에 맞서서 품꾼들의 입장을 대변할 노조위원장! 그는 아마도 제2막의 무대가 내려가고 제3막이 올라가는 사이의 막간을 이용해서 급하게 선출되었을 것이다. 노조위원장으로 선출된 품꾼의 얼굴은 한없이 일그러져 있다. 누구라도 툭 치면 언제든 터져 버릴 듯한 분노로 충천해 있다. 스포트라이트를 한 몸에 받은 노조위원장 품꾼은 포도원 주인을 향해 목이 터져라 불평과 불만을 토해 낸다.

"받은 후 집주인을 원망하여 이르되 나중 온 이 사람들은 한 시간밖에 일하지 아니하였거늘 그들을 종일 수고하며 더위를 견딘 우리와 같게 하였나이다"(마 20:11–12).

품꾼을 대표하는 노조위원장은 과연 어느 그룹에서 선출되었을까? 그가 토로한 불평불만의 내용만 놓고 봐도 어렵지 않게 짐작할 수 있다. 노조위원장은 분명 새벽 6시부터 불려 와 꼬박 12시간을 일한 첫 번째 그룹에서 나왔을 것이다.

'더위를 견딘 우리'라는 표현은 노조위원장이 최소 12시 이전부터 일한 품꾼임을 알려 준다. 결정적인 단어는 '종일 수고'다. 온종일 허리가 휘도록 수고한 첫 번째 품꾼 그룹 중에서 그래도 입심이 세고 리더십이 있고 조금은 과격해 보이는 강성 분자가, 그날 하루 포도원에서 함께 일하며 약간이나마 동료 의식이 생긴 전체 품꾼들의 대표로 나섰을 것이다. 품꾼들의 대표로 나선 노조위원장의 불만을 보아 하니 상황이 심각해질 듯하다. 빨리 합리적으로 무마시키지 않으면 사태는 걷잡을 수 없이 확산될 듯하다. 포도원이 문을 연 이래 최초로 노사분규가 발생한 것이다.

품꾼들, 즉 노조 측의 요구 조건

품꾼들을 대표해서 나선 노조위원장의 불만을 통해 우리는 노조 측의 불만과 요구 조건을 파악할 수 있다.

> "나중 온 이 사람들은 한 시간밖에 일하지 아니하였거늘 그들을 종일 수고하며 더위를 견딘 우리와 같게 하였나이다"(마 20:12).

노조위원장의 입을 통해서 나온 말은 달랑 이게 전부다. '포도원 품꾼의 비유' 전체에서도 품꾼들의 능동적인 목소리는 별로 들리지 않는다. 비유 전체에서 주도권은 역시 포도원 주인이 쥐고 있는 듯 보인다. 달랑 한마디뿐인 품꾼 노조위원장의 불평 섞인 말을 통해 포도원 품꾼들, 즉 노조 측의 불만과 요구사항을 분석해 보자.

첫째, 포도원 주인의 품삯 지불은 수백 년간 내려온 노동 시장의 정의이자 원칙인 '일정한 노동 시간에 일정한 품삯'에 정면으로 위배된다는 것이다. 이들이 기준으로 삼은 그룹은 포도원 문을 닫을 즈음인 오후 5시에 들어와 고작 한 시간만 일한 품꾼들이었다. 그들이 한 데나리온을 받았는데 온종일 일한 자신들도 똑같이 한 데나리온을 받는 것은 노동 시장의 형평성 원칙에서 한참 어긋난다는 것이다.

둘째, 자신들은 한낮의 뜨거운 더위를 이겨 냈다는 항변이다. 우리말 성경에 '더위'로 번역된 헬라어 원어는 '카우손'(καύσων)이다. 이것은 단순히 여름의 뙤약볕을 말하는 것이 아니라 '매우 건조하고 뜨거운 모래바람'을 가리킨다. 이 말은 어디에서나 접하는 여름의 일반적인 무더위가 아니라 이스라엘과 같은 중동 지방에서만 경험하는 특별한 무더위인 것이다.

이스라엘에서 포도 수확철인 8월에는 사우디아라비아 사막에서 수시로 불어오는 사막의 열풍이 포도원에서 일하는 품꾼들을 기진맥진하게 만든다. 4월 말께부터 1년에 50여 차례 불어오는 이 사막의 열풍을 히브리어로는 '샤라브'(שרב, 건조함), 아랍어로는 '함씬'이라고 부른다. 현대 이스라엘 국가에 사는 유대인들도 사막의 열풍을 경험하는데, 유대인들은 이 바람을 히브리

• 광야에서 불어오는 함씬

어 단어인 '샤라브'보다 아랍어인 '함씬'이란 말로 즐겨 사용한다. 숫자적으로 '50'을 의미하는 아랍어 '함씬'이 1년 365일 가운데 무려 50일씩이나 불어와 사람들을 괴롭히는 탓에 훨씬 피부에 와 닿기 때문일 것이다.

우리나라에서도 몽골 사막에서 불어오는 황사주의보를 일기예보를 통해 발령하듯이, 이스라엘에서도 함씬주의보를 발령한다. 함씬이 불면 깨끗이 세차한 자동차 위를 희뿌연 먼지가 두텁게 덮어 버린다. 가급적 바깥출입을 금하고, 혹 피치 못하게 나가야 한다면 함씬 전용 특수 마스크를 쓰고 나가야 한다.

특히 천식, 알레르기 환자, 기타 호흡기 질환이 있는 노약자들에게는 함씬으로 인한 피해가 가히 치명적이다. 자칫 목숨이 위태로울 수 있다. 함씬주의보가 발령되면 사람들은 창문을 완전히 닫고 대낮인데도 실내의 전등을 다 켜고 방에 콕 틀어박혀 지내야 한다. 물론 함씬주의보를 무시하고 거리를 활보하는 사람들도 있지만, 이 경우 그만큼 수명이 단축되는 위험을 감수해야 한다.

품꾼 노조위원장이 말한 '더위를 견뎠다'는 의미 역시 바로 함씬의 고통을 무릅쓰고 일했다는 뜻이다. 그에 비하면 오후 5시에 들어온 사람들은 고작 한 시간만 일했을 뿐만 아니라 해가 저물 무렵의 선선한 기온에서 일했음을 알 수 있다. 다시 말해 이들의 주장은 자신들의 근무 시간과 근무 환경이 훨씬 열악했다는 것이다.

그러면 품꾼 노조위원장의 불만은 정당한 것인가? 탈무드 문헌의 전신인 토세프타(t. Baba Mesia 7.1, 3)에는 현대의 성경 독자들이 품꾼들의 불만을 이해하는 데 도움이 되는 내용들이 등장한다. 즉 높은 품삯을 약속하고 이를 어긴 고용주의 사례, 일을 게을리 하고 농땡이를 피우며 시간만 때운 품꾼의 사례가 나온다. 더욱 결정적인 것은 일한 시간을 정확히 계산해 차등을 두어 품삯을 지불하는 사례 그리고 함씬의 악조건 속에서 일한 경우 특별 수당(오늘날로 말하면 위험수당)을 지불하는 사례까지 등장한다.

자, 이 정도의 세밀한 기록이라면 노조위원장을 앞세운 전체 품꾼들의 불만은 충분히 타당하고, 심지어 정의로워 보이기까지 한다. 하지만 토세프타와 같은 당시의 문헌을 굳이 거론하지 않는다 해도, 비유를 듣고 있던 1세기 유대인 청중이나 비유를 읽고 있는 현대의 성경 독자들은 심정적으로 품꾼들의 불평불만에 충분한 지지를 보낼 것이다.

품꾼들의 불평불만을 요약하면 다음과 같다.

첫째, 한 시간만 일한 품꾼들에게만 호의를 베풀고 우리한테는 호의를 베풀지 않은 것이 영 기분 나쁘고 배가 아프다.

둘째, 한 시간만 일한 품꾼들에게 그랬던 것처럼 우리한테도 호의를 베풀라. 다시 말해 한 데나리온의 품삯 외에 별도의 웃돈(보너스)을 달라.

어쩌면 품꾼들은 두 번째 항변, 즉 품삯을 더 달라는 간단명료한 말을 애써 에둘러 표현하고 있는지도 모른다.

포도원 주인, 즉 사측의 반응

공은 드디어 포도원 주인, 즉 사측의 코트로 넘어왔다. 포도원 주인은 이 사태를 어떻게 수습할 것인가? 잔뜩 화가 난, 그래서 어떤 말도 통할 것 같지 않은 노조위원장의 얼굴을 보니 사태가 심상치 않음을 알 수 있다. 포도원 주인은 품꾼 노조위원장을 일단 부드러운 말로 어르고 달래기부터 할 것인가?

품꾼 노조위원장, 그리고 그를 전면에 내세우고 뒤에서 사태를 관망하는 품꾼들, 비유를 듣고 있는 청중, 비유를 읽고 있는 현대의 성경 독자들, 이 모

보너스 달라고?
돈 더줘?
뜨끔
아니 그러니까
투쟁

든 사람들의 눈이 일순간에 포도원 주인에게로 향한다. 그의 입으로 모든 시선이 쏠린다. 분기탱천한 품꾼 노조위원장의 불만에 포도원 주인은 과연 뭐라고 대답할 것인가? 이어지는 주인의 대답을 살펴보자.

> "주인이 그중의 한 사람에게 대답하여 이르되 친구여 내가 네게 잘못한 것이 없노라 네가 나와 한 데나리온의 약속을 하지 아니하였느냐 네 것이나 가지고 가라 나중 온 이 사람에게 너와 같이 주는 것이 내 뜻이니라 내 것을 가지고 내 뜻대로 할 것이 아니냐 내가 선하므로 네가 악하게 보느냐"(마 20:13-15).

포도원 주인은 품꾼들의 항변에 조목조목 반박하고 있다. 품꾼들은 그저 한 문장으로 자신들의 불만을 표현했지만, 이에 대한 포도원 주인의 항변은 속사포처럼 이어진다. 품꾼들 입장에서 본다면 마치 '되로 주고 말로 받은' 격이다. 혹 떼려다 오히려 혹 붙인 격이다.

품꾼 노조위원장이 쏟아 놓은 불평에 대한 포도원 주인의 반응은 '포도원 품꾼의 비유'에서 대단원의 막을 장식하는 피날레에 해당한다. 물론 포도원 주인의 반응에는 이 비유가 담고 있는 주제와 결말이 모두 들어 있다. 언뜻 단순해 보이는 포도원 주인의 반응을 꼼꼼히 살펴보도록 하자.

주인의 반응 1: 친구여!

포도원 주인은 먼저 화가 잔뜩 난 노조위원장을 부르면서 다음과 같은 호칭을 사용하고 있다.

"친구여!"

우리말 성경에 '친구'로 번역된 헬라어 원어는 '헤타이로스'(ἑταῖρος)로, 친한 친구에게 사용하는 '필로스'(φίλος)와는 전혀 다른 의미를 가진 단어다. 이 말은 상호관계에서 뭔가 문제가 생겼을 때 상대방에 대한 불만을 간접적으로 표현할 때 사용하는 호칭이다. 또 길에서 만난 전혀 모르는 사람을 점잖게 부를 때도 사용된다. 따라서 결코 가까운 친구를 부르는 정감 넘치는 호칭은 아닌 것이다.

우리는 마태복음에서 동일한 단어인 '헤타이로스'를 사용한 예를 찾아볼 수 있다.

> "이르되 친구여 어찌하여 예복을 입지 않고 여기 들어왔느냐 하니 그가 아무 말도 못하거늘"(마 22:12).

> "예수께서 이르시되 친구여 네가 무엇을 하려고 왔는지 행하라 하신대 이에 그들이 나아와 예수께 손을 대어 잡는지라"(마 26:50).

이 두 사례에서도 '친구여!'(헤타이로스)라는 호칭은 상호간의 관계가 틀어져서 험악해지려는 순간에 사용되고 있다. 아랍어 성경은 이 단어를 '어이, 거기 씩씩대고 있는 사람'으로 의역해서 번역하고 있는데 원어의 의미를 잘 살렸다고 할 수 있다. 이것을 우리말로 굳이 원색적으로 표현한다면 다음과 같지 않을까?

“어이, 여보슈! 거기 터진 입이라고 함부로 지껄이는 사람, 나 좀 보게나!”

포도원 주인이 사용한 ‘친구여!’라는 호칭은 결코 가까운 친구를 부르는 정감 넘치는 호칭이 아니다. ‘친구여!’라는 호칭이 이렇게 살벌한 의미를 담고 있음을 안다면, 우리는 곧 이어질 포도원 주인의 말 역시 그리 호락호락하지 않게 전개될 것임을 직감할 수 있다. 이어지는 포도원 주인의 말을 살펴보자.

주인의 반응 2: 내가 네게 잘못한 것이 없노라

> "내가 네게 잘못한 것이 없노라 네가 나와 한 데나리온의 약속을 하지 아니하였느냐"(마 20:13).

주인이 정의롭지 못하다고 항변하는 품꾼들의 불만에 대해 포도원 주인은 이를 정면으로 반박하면서 일축하고 있다.

"나는 잘못한 게 없다!"

그러고는 애초에 그들과 맺었던 고용계약서를 들이민다.

"애초부터 나는 당신들과 한 데나리온의 품삯으로 계약하지 않았는가?"

품꾼들과 함께 흥분하다 보니 우리 역시 중요한 사실 하나를 놓쳤다. 바로 포도원 주인이 12시간 일한 품꾼에게 애초에 약속한 금액을 온전히 지불했다는 사실이다. 현재 상황에서 문제의 핵심은 포도원 주인이 임금을 적게 주는 'underpay'의 상황이 아니라, 품꾼들이 일방적으로 더 달라고 떼를 쓰는 'overpay'의 상황이라는 점이다. 비유 속의 상황은 오늘날 노사분규 현장에서 흔히 볼 수 있는 '임금체불'의 상황과는 거리가 멀다. 포도원 주인의 항변은 여기서도 그치지 않고 이어진다.

잉크도 안 말랐다...
계약서

주인의 반응 3: '내 것'과 '네 것'의 확실한 구분

"네 것이나 가지고 가라… 내 것을 가지고 내 뜻대로 할 것이 아니냐"(마 20:14-15).

포도원 주인은 이 말을 통해 '내 것'과 '네 것'을 정확히 구분하면서 각자의 소유에 대한 권리를 주장하고 있다. 포도원 주인의 이 말 속에는 히브리어의 운율을 아는 사람만이 캐치해 낼 수 있는 워드 플레이가 숨어 있다. 그것은 바로 '내 것'과 '네 것'에 해당하는 히브리어 단어 '쉘리'(שלי)와 '쉘르카'(שלך)의 운율이 비슷하다는 것이다.

공교롭게도 이런 워드 플레이는 영어와 한국말에서도 비슷하게 통용된다. 영어에서는 '내 것'(mine)과 '네 것'(thine)이 비슷한 운율을 가지고 있고, 한국말에서도 '내 것'과 '네 것'은 발음이 대동소이하다.

포도원 주인의 항변 속에 숨겨진 '쉘리'와 '쉘르카'의 워드 플레이는 비유를 듣던 당시 청중에게 구차한 설명 없이 통했을 것이다. 그리고 주인이 무엇을 주장하려는지도 곧바로 캐치했을 것이다. 이런 워드 플레이는 한때 〈개그콘서트〉의 한 코너였던 '씁쓸한 인생'에서도 발견할 수 있다.

"이봐, 유상무상무상!"

발음이 비슷한 '내 것'과 '네 것'을 가지고 우리말에서는 종종 이런 식의 워드 플레이가 이루어진다.

"이봐, 내 것은 내 거고 네 것도 내 거다."

포도원 주인의 항변 속에 등장하는 워드 플레이인 '쉘리'와 '쉘르카'의 배경이 되는 내용이 랍비들의 문헌인 《미쉬나》에 나온다. 랍비들은 사람들이 잘 쓰는 말로 인간의 유형을 다음과 같이 네 가지로 나누었다.

> "내 것은 내 것이고 네 것은 네 것이라고 주장하는 사람, 그는 보통 사람이다.
> 내 것은 네 것이고 네 것은 내 것이라고 주장하는 사람, 그는 무지한 사람이다.
> 내 것은 네 것이고 네 것도 네 것이다라고 주장하는 사람, 그는 의인이다.
> 네 것은 내 것이고 내 것도 내 것이라고 주장하는 사람, 그는 악인이다" (m. Aboth 5:13).

포도원 주인은 품꾼들의 항변에 대응하면서 '내 것은 내 것이고 네 것은 네 것이다'고 주장하기 때문에 언뜻 첫 번째 유형의 사람처럼 보인다. 첫 번째 유형의 사람은 세상에서 가장 흔하게 볼 수 있는 보통 사람이다. 하지만 주인은 '내 것', '네 것'과 관련된 워드 플레이를 사용하면서 실은 자신이 세 번째 유형에 속하는 의인임을 주장하고 있다.

품꾼들을 다섯 차례나 고용한 포도원 주인은 첫 번째 품꾼을 제외하고는 나머지 품꾼들 모두에게 기대 이상의 품삯을 지불했다. 이런 주인의 행동은 마치 자기 소유를 마음껏 기부하는 관대함의 전형을 보여 준다. 주인의 이런 관대함을 보지 못하는 첫 번째 품꾼들의 문제는 그들이 오로지 자기 것에만 관심을 두고 있다는 것이다. 포도원 주인은 '내 것', '네 것'과 관련된 히브리어 워드 플레이를 사용함으로써 자신이 세 번째 유형의 의인이요, 불평하는 품꾼들은 첫 번째 유형의 보통 사람(속물)임을 주장하고 있는 것이다.

주인의 반응 4: 내 뜻은 모두에게 풍족히 나누어 주는 것

"나중 온 이 사람에게 너와 같이 주는 것이 내 뜻이니라."

포도원 주인은 자신의 소유를 가지고 나중에 온 품꾼들에게도 넉넉히 쥐어 주는 것이 자신의 뜻임을 분명히 밝히고 있다. 포도원 주인은 포도원의 필요와 상관없이 다섯 차례나 인력시장을 찾아가 놀고 있는 품꾼들을 불러 모았다. 그리고 비록 하루치 품삯인 한 데나리온을 받을 자격은 새벽부터 와서 꼬박 12시간을 일한 첫 번째 그룹밖에 없음에도, 모두에게 한 데나리온의 품삯을 주었다.

포도원 주인은 이 말을 통해 다시 한 번 자신이 임금을 체불하거나 적게 주려는 악덕 고용주가 아니라 품꾼들을 불쌍히 여기는 자비로운 고용주임을 주장하고 있는 것이다.

주인의 반응 5: 내가 선하므로 네가 악하게 보느냐

"내가 선하므로 네가 악하게 보느냐"(마 20:15).

포도원 주인은 이 말을 통해 마지막 결론을 내리고 있다. 마치 판사가 최종 판결을 내리는 것처럼, 쾅! 쾅! 쾅!

"당신이 받은 돈으로 무엇을 하든 당신에게 자유가 있는 것처럼 나에게도 내 돈을 가지고 나의 뜻대로 쓸 자유가 있는 것이 아닌가? 나는 그 자유를 가지고 당신들과 같은 품꾼들에게 넉넉한 품삯을 나누어 주는 데 사용했다. 내가 이렇게 선한데 오히려 당신들은 나를 악하게 보는가?"

포도원 주인은 이 말을 통해 처음 온 품꾼들이 분개하고 거칠게 항의하는 것은 주인이 잘못해서가 아니라 동료에 대한 품꾼들의 질시 때문임을 지적하고 있다. 아울러 정해진 품삯보다 더 받아 내려는 욕심 때문이라고 지적하고 있다.

'포도원 품꾼의 비유'는 이렇게 끝이 난다. 예수님은 포도원 주인의 말을 빌려서 복잡한 노사분규 현장에 개입하시고 있다. 누가 옳고 누가 그른가? 누가 정의롭고 누가 정의롭지 못한가? 예수님의 판결문은 이랬다.

"포도원 주인이 정의로웠고 품꾼들은 그렇지 못했다"(내가 선하므로 네가 악하게 보느냐?).

포도원 주인의 장문의 연설문

오랜 세월 중동의 여러 국가에서 살면서 성서시대의 문화적 정취가 물씬 풍겨 나는 아랍 국가의 농촌을 수시로 탐방한 케네스 베일리 교수는 포도원 주인의 짧지만은 않은 항변을 다음과 같은 장문의 연설문으로 바꾸어 놓았다. 역시 도를 깨달은 자만이 쓸 수 있는 명해설문이다. 이번 장은 일단 그의 명해설문을 소개함으로써 마무리하는 게 좋을 듯싶다. 품꾼과 포도원 주인 간에 오간 대화는 '포도원 품꾼의 비유' 전체에서 가장 중요한 부분이기 때문에 좀 더 많은 지면을 할애해서 설명할 필요가 있다.

"당신은 나한테 불평할 게 전혀 없다! 품삯은 이미 공정하게 지불되었다! 난 당신에게 계약한 대로 지불했다. 당신이 받은 돈으로 당신이 무엇을 하든 그건 당신의 자유다. 마찬가지로 내 돈을 가지고 내가 어떻게 쓰든지 그것은 내 자유 아닌가? 당신은 집에 가서 당신 아내와 자식들에게 자랑스럽게 말할 수 있다.

'이 남편이, 이 아빠가 오늘 운 좋게 일거리를 찾아서 온전한 일당을 벌어 왔다, 야호!'

나는 다른 품꾼들 역시 당신처럼 집에 갔을 때 동일한 기쁨과 환호성을 지르게 하고 싶어 그들에게도 하루치의 온전한 품삯을 손에 쥐어 준 것이다. 난 당신의 아내와 자식들이 당신을 자랑스러워하는 것처럼 그들도 집에 가서 동일한 대우를 받기 원한 것이다.

당신이 함씬의 뜨거운 고통 가운데서도 군소리 없이 성실하게 일한 것은 맞다. 나도 십분 공감한다. 그럼 당신은 내가 함씬의 뜨거운 고통 속에서 뭘 했다고 생각하는가? 내 친구들이 그런 것처럼 시에스타(siesta) 휴식을 즐기기라도 했단 말인가? 나 역시 뜨거운 고통을 무릅쓰고 인력시장과 포도원을 수차례나 오고 가지 않았는가? 무엇을 위해서? 바로 당신과 같이 일자리가 없어 인력시장에서 빈둥거리는 품꾼들이 불쌍해서 그런 것이 아닌가?

나는 이 일을 위해 내 청지기를 대신 보낼 수도 있었다. 하지만 난 그렇게 하지 않았다. 나는 품꾼들을 나와 상관없는 남이라 여기지 않았고, 그들만 생각하면 마음이 한없이 저며서 직접 내가 나선 것이다. 왜 당신들은 내가 그들에게 베푼 온정에 질투를 발하면서 오히려 내게 화를 내는가?

당신들은 이 분명한 사실을 인정해야 하지 않은가? 포도원 주인인 내가 단지 정의로울 뿐 아니라 자비롭고 긍휼이 많은 사람이라는 사실을. 정의와 긍휼은 반드시 함께 가야 하는 것이다. 때로는 법보다 사람이 먼저인 것이다.

내가 당신과 같은 품꾼 동료들에게 보인 긍휼로 인해 당신들이 분노하는 게 과연 정의로운 것인가? 당신들은 그들이 인간으로서 최소한의 자존감을 지키면서 가족을 먹여 살리는 일에 아무런 관심도 없는 것인가? 당신들은 진정 지금 당장 몇 푼의 일당을 더 받는 일에만 온 신경을 집중하는 속물인가? 당신 동료들의 절박한 상황은 전혀 안중에도 없는 그런 속물!

오늘은 당신들이 운이 좋아 일거리를 찾았지만, 내일이면 당신이 저들과 똑같은 상황이 될 수도 있지 않은가? 내가 저들에게 보인 긍휼처럼 당신들도 똑같은 처지에 있는 동료들을 향해 긍휼을 보여야 마땅하지 않은가? 감히 포도원 주인인 나를 좌지우지하려 들지 말라! 당신은 정당한 품삯을 받았으니 그거나 받고 당장 내 눈앞에서 사라져라!"

chapter

06

포도원 품꾼들이 정의롭지 않을 뿐 아니라 사악한 이유는?(1)

성서시대의 '후견인—의뢰인' 체제

포도원 주인은 후견인으로서 다수의 의뢰인인 품꾼들로부터 충분히 명예를 얻을 만한 자선을 베풀었다. 그런데 하루 종일 일한 품꾼은 자신에게도 자선을 베풀라면서 포도원 주인에게 생떼를 쓰고 있다. 그는 지금 당시의 사회적 통념에서도 결코 받아들일 수 없는 사회적 금기를 범하고 있는 것이다.

'포도원 품꾼의 비유'는 언뜻 정의롭지 않아 보이는 포도원 주인이 정의롭고, 정의로워 보이는 품꾼들이 정의롭지 못하다는 결론을 맺으며 끝나고 있다. 하지만 비유를 읽는 현대의 성경 독자들은 이런 결론에 어느 정도 수긍을 하지만 100% 고개가 끄덕여지지는 않는다. 아직까지 개운치 않은 뭔가가 남아 있다.

이번 장과 다음 장에서는 포도원 품꾼과 주인 간에 오고 간 대화 속에 숨겨진, 그래서 현대의 성경 독자들이 놓치기 쉬운, 아니 놓칠 수밖에 없는 당시의 문화적 세팅들을 집중적으로 다루어 보고자 한다. 아무리 메시지와 교훈의 내용이 좋아도 뭔가 개운치 않은 구석이 있다면 그런 교훈은 우리를 구체적인 순종의 자리로 인도하지 못하기 때문이다.

무턱대고 '아멘!'으로 화답하고 '주여, 믿습니다!'를 반복한다고 개운치 않은 여운이 해결되는 것이 아니다. 예수님의 비유 속에는 우리들이 때로는 '신앙'만으로, 때로는 '묵상'만으로는 넘기 힘든 장애물들이 있다. 그것은 신앙으로도, 묵상으로도 안 된다. 바로 '지식'으로 건너뛰어야 하는 것이다.

'포도원 품꾼의 비유'는 포도원 주인이 참으로 정의롭고 품꾼들이 정의롭지 못하다는 결론으로 끝마치고 있다. 하지만 여기서 현대의 성경 독자들이 놓치는 부분이 있다. 그것은 포도원 품꾼들이 단순히 정의롭지 못한 차원을 넘어서 지극히 사악한 사람들이라는 것이다. 비유의 결론은 바로 그 점을 명확히 하고 있다.

"내가 선하므로 네가 악하게 보느냐."

'포도원 품꾼의 비유'를 마치면서도 우리 마음에 여전히 꺼림칙한 구석이 남아 있는 이유는 품꾼들의 사악함을 보지 못했기 때문이다. 품꾼들의 사악함을 보지 못했기 때문에 우리는 여전히 품꾼들을 변호하고 동정하고 싶어진다. 감추어진 품꾼들의 사악함을 드러내고 그들을 향한 일말의 미련과 동정심을 없애기 위해 나는 앞으로 두 장에 걸쳐 포도원 주인과 품꾼 간에 오간 대화를 심도 있게 분석해 보고자 한다.

비유 속의 품꾼들은 완전히 사악한 종자들이다(?)

우리는 앞선 장에서 포도원 품꾼의 불평불만과 이에 대한 포도원 주인의 반박 성명에 대해서 빠른 속도로 살펴보았다. 그리고 비유의 최종 판결문에 이르렀다.

> "내가 선하므로 네가 악하게 보느냐"(마 20:15).

비유는 포도원 주인이 선하고 품꾼들이 악하다는 결론을 내리고 있다. 물론 이것은 포도원 주인이 내린 결론이고, 이 비유를 말씀하신 예수님이 내린 결론이기도 하다. 우리는 포도원 주인의 반박 성명을 심도 있게 재해석한 케네스 베일리 교수의 명해설문까지 살펴보았지만, 여전히 마음속에 가시지 않는 체증을 부인하기 어렵다.

비유는 포도원 주인이 정의로울 뿐 아니라 긍휼이 많은 사람이라고 말한다. 아울러 포도원 품꾼들이 정의롭지 않을 뿐만 아니라 완전히 사악한 종자들이라고 판결한다. 약간 옳지 않은 구석이 있는 차원이 아니라, 비유는 그들이 완전히 사악한 자들이라고 판결한 것이다. 우리는 비유 속의 품꾼들을 보면서 쉽게 자기 자신과 동일화한다. 이것은 비유를 직접 들은 당시의 청중도 예외가 아니었다. 그만큼 포도원 품꾼의 비유가 다루고 있는 이슈는 당시나 지금이나 민감할 수밖에 없는 것이다.

단언하건대 '포도원 품꾼의 비유'를 듣고 품꾼들을 향한 일체의 동정과 연민, 더 나아가 '충분히 그럴 수도 있지 않은가' 하면서 그들을 변호하는 입장에 서서는 안 된다. 만약 그런 마음이 조금이라도 마음속에 남아 있다면 아직 비유의 핵심을 제대로 간파하지 못했기 때문이다. 비유는 불평하는 품꾼들이 정의롭지 않을 뿐만 아니라 '사악하다'고 결론짓고 있지 않은가.

예수님의 비유를 통한 가르침을 우리의 것으로 완전히 소화하기 위해서는 반드시 다음에 나오는 성서시대에 통용되던 문화적 세팅 두 가지를 이해해야 한다.

첫째, '후견인-의뢰인'의 개념
둘째, '선한 눈-악한 눈'의 개념

이번 장에서는 '후견인-의뢰인'의 개념에 대해서, 다음 장에서는 '선한 눈-악한 눈'의 개념에 대해서 집중적으로 파헤쳐 보고자 한다.

렌스키의 사회발달 모델

'포도원 품꾼의 비유' 저변에 깔린 두 가지 문화적 세팅을 이해하기 위해서 나는 예수님의 비유가 선포된 1세기와 이것을 기록된 문자인 성경으로 읽는 현대 사이의 간극을 메우는 작업부터 시도해야 함을 느낀다.

현대인들이 타임머신을 타고 고대인들이 살던 세상에 가서 그들을 느끼는 일은 결코 쉽지 않다. 그럼에도 그들만의 문화(culture), 그들만의 가치(value), 그들만의 사고(thinking) 속으로 들어가는 일은 결코 회피해서는 안 되는 필수 과정이다. 예수님의 말씀, 특히 예수님이 '비유'라고 하는 독특한 형태를 빌려 가르치신 말씀들은 당시의 문화, 가치, 사고들이 한데 얽힌 '종합선물세트'와도 같기 때문이다.

2000년이 넘는 세월의 간극을 메우고자 할 때 미국의 저명한 사회학자인 게르하르트 렌스키(Gerhard Lenski)가 제시한 사회발달 모델을 이해하면 크게 도움이 될 것이다. 렌스키의 모델에 따르면, 인간 사회는 다음의 다섯 단계를 거쳐 오늘에 이르렀다고 한다.

1. 수렵과 채취 사회
2. 단순 원예 사회
3. 고급 원예 사회
4. 농경 사회
5. 산업 사회

예수님의 비유는 4단계인 농경 사회를 배경으로 하고 있고, 이 비유를 읽는 우리들은 5단계인 산업 사회를 배경으로 하고 있다. 당연히 역사, 지리, 문화 등 모든 면에서 총체적인 간극이 있을 수밖에 없다.

굳이 단계로 따지자면 다섯 단계이지만, 처음 세 단계는 한마디로 '원시 사회'란 말로 갈무리해도 큰 지장이 없을 것이다. 인간 사회에서 비약적인 발전은 3단계인 고급 원예 사회에서 4단계인 농경 사회로 도약하면서 이루어졌다.

렌스키는 인류가 고급 원예 사회에서 농경 사회로 도약하게 된 특징과 계기들을 다음과 같이 설명하고 있다.

"농경 사회의 특징은 쟁기의 발명, 가축들을 이용하는 방법, 기초적인 야금술(冶金術)의 발견, 돛과 바퀴의 발명 등으로 요약할 수 있다. 야금술을 통해 철로 된 쟁기를 사용했고, 이것은 이전에 나무로 된 쟁기를 사용하던 것에 비해 농업 생산량 면에서 비약적인 증가를 초래했다. 바퀴와 돛을 이용하면서 사람과 상품의 이동 또한 놀랍도록 편리해졌다. 고대의 농경 사회는 현대의 산업 사회와도 확연히 구별되는데, 산업 사회는 원자재가 훨씬 다양하게 이용되며, 에너지의 원천이 매우 다르고, 도구들도 훨씬 복잡하고 효율적이다."

렌스키는 농경 사회의 중요한 특징으로서 우리의 상상을 초월하는 '사회적 불평등'을 지적한다. 사회적 불평등을 설명하면서 렌스키는 사회 계층화 모델을 알기 쉽게 제시한다.

"열 사람이 각자 열 개씩의 물건을 생산하는 사회가 있다. 그런데 생존을 위해서는 각자 여덟 개의 물건만이 필요하다. 각자 두 개씩의 잉여 산물이 생긴 것이다. 이럴 경우 우리는 다음 두 가지의 극단적인 사회를 상상할 수 있다.

A. 모두가 똑같이 두 개씩의 잉여 산물을 나누어 갖는다.
B. 아홉 명이 전혀 잉여 산물을 갖지 못하고 한 명이 스무 개의 잉여 산물을 독차지한다.

안타깝게도 농경 사회로 도약하면서 생긴 풍부한 잉여 산물은 소수 지배층이 독차지하게 되었고, 이로 인해 농경 사회는 이전의 원시 사회에서는 경험하지 못하던 '불평등'이라고 하는 쓰디쓴 약을 마시게 된 것이다."

하늘에 계신 우리 아버지: '후견인-의뢰인'의 확대된 개념

현대 산업 사회와 달리 고대 농경 사회에서는 중산층이 없었고, 잉여 산물을 독차지한 소수의 지배층과 절대 다수의 빈곤층만 있었다. 이런 사회 구조에서 자생적으로 생겨난 제도가 바로 후견인 체제(patronage), 즉 '후견인-의뢰인' 체제다.

현대적 개념에서 '의뢰인'(client)은 변호사의 고객을 가리키는 전문 용어이지만, 고대 사회에서 의뢰인은 후견인의 은덕으로 살아가는 사람을 가리키는 보편적인 말이었다.

라틴어와 헬라어에서 '후견인'(patron)은 '아버지'란 의미를 가지고 있다. 후견

A

B

인은 의뢰인의 아버지 역할을 하는 사람인데, 한 명의 후견인 밑에는 다수의 의뢰인들이 딸려 있었다. 후견인–의뢰인 관계는 혈연관계인 가족과 친족의 개념이 사회적 그리고 정치적으로 넓게 확대된 것으로 이해하면 좋다.

고대의 농경 사회를 지탱해 준 '후견인–의뢰인' 체제는 성경 속에 수시로 등장하는 '아버지'에 대한 이미지를 우리에게 새롭게 각인시킨다. 고대인들이 사용하던, 그리고 성경 속에 등장하는 아버지의 개념은 단순히 육신의 아버지를 의미하는 것이 아니다. '후견인–의뢰인'으로 불리는 사회 체제 속에서 살아가던 고대인들에게 아버지는 자신을 든든하게 보호해 주는 '후견인'(patron)을 부르는 또 다른 호칭이었던 것이다. 이런 의미를 알고 성경 속에 등장하는 '아버지'란 호칭을 새롭게 음미해 보자.

> "그들이 여호와를 향하여 악을 행하니 하나님의 자녀가 아니요 흠이 있고 삐뚤어진 세대로다 어리석고 지혜 없는 백성아 여호와께 이같이 보답하느냐 그는 네 아버지시요 너를 지으신 이가 아니시냐 그가 너를 만드시고 너를 세우셨도다"(신 32:5–6).

> "그는 내 이름을 위하여 집을 건축할 것이요 나는 그의 나라 왕위를 영원히 견고하게 하리라 나는 그에게 아버지가 되고 그는 내게 아들이 되리니 그가 만일 죄를 범하면 내가 사람의 매와 인생의 채찍으로 징계하려니와"(삼하 7:13–14).

"두 사람이 길을 가며 말하더니 불수레와 불말들이 두 사람을 갈라놓고 엘리야가 회오리 바람으로 하늘로 올라가더라 엘리사가 보고 소리 지르되 내 아버지여 내 아버지여 이스라엘의 병거와 그 마병이여 하더니 다시 보이지 아니하는지라 이에 엘리사가 자기의 옷을 잡아 둘로 찢고"(왕하 2:11-12).

"이스라엘 왕이 그들을 보고 엘리사에게 이르되 내 아버지여 내가 치리이까 내가 치리이까 하니 대답하되 치지 마소서 칼과 활로 사로잡은 자인들 어찌 치리이까 떡과 물을 그들 앞에 두어 먹고 마시게 하고 그들의 주인에게로 돌려보내소서 하는지라"(왕하 6:21-22).

"엘리사가 죽을병이 들매 이스라엘의 왕 요아스가 그에게로 내려와 자기의 얼굴에 눈물을 흘리며 이르되 내 아버지여 내 아버지여 이스라엘의 병거와 마병이여 하매"(왕하 13:14).

"그러므로 너희는 이렇게 기도하라 하늘에 계신 우리 아버지여 이름이 거룩히 여김을 받으시오며 나라가 임하시오며 뜻이 하늘에서 이루어진 것같이 땅에서도 이루어지이다"(마 6:9-10).

쉽게 예상할 수 있듯이, 후견인은 잉여 산물을 충분히 가지고 있는 지배 계층에서 나왔고 의뢰인은 절대 가난에 허덕이는 피지배 계층에서 나왔다. 고대의 농경 사회는 계층 구조 면에서 볼 때 현대의 산업 사회와 같은 상류층, 중류층, 하류층으로 불리는 3개 계층의 피라미드 구조와는 거리가 멀었다. 소수의 힘 있는 후견인 밑에 절대 다수의 힘없는 의뢰인들이 딸려 있는 거대한 '후견인-의뢰인' 체제가 고대 농경 사회를 지탱하는 사회 구조였던 것이다.

그러면 이러한 '후견인-의뢰인' 체제를 통해 양자는 무엇을 얻었는가? 힘없는 의뢰인은 든든한 후견인의 보호 아래 들어감으로써 고대 사회에서 상존하던 굶주림과 가난의 위협에서 벗어날 수 있었다. 반면 후견인은 다수의 의뢰인을 자신의 수하에 둠으로써 명예를 얻을 수 있었다. 자신에게 딸린 의뢰인이 많으면 많을수록 후견인의 명예는 그만큼 높아졌다.

그런데 여기서 현대인들이 기억해야 할 중요한 사실이 있다. 고대 농경 사회에서 다수의 의뢰인을 통해 후견인이 얻게 되는 명예는 단지 '국민윤리'나 '도덕' 시간에서나 통하는 허울 좋은 명예와는 전혀 달랐다는 것이다. 예를 들어 이 명예는 사회적, 더 구체적으로 표현하면 정치적 영향력을 의미했다. 의뢰인들은 후견인으로부터 은덕을 입고 살지만 그 후견인의 명예를 높여 줄 일이 생기면 만사를 제쳐두고 솔선수범했다.

예를 들어 자신의 후견인이 집정관 선거에 출마한다고 하자. 그러면 그에게 속한 의뢰인들은 의심의 여지없이 100% 몰표를 찍어 줌으로써 평소 자신들에게 은덕을 베푼 후견인의 명예를 드높인다.

후견인이 의뢰인을 통해 얻게 되는 또 다른 명예는 전쟁에서 도드라진다. 후견인이 다른 후견인과 전쟁을 한다면 그에게 속한 의뢰인들은 목숨을 걸고 후견인을 위해서 싸운다. 결국 의뢰인은 후견인의 보호 속에 들어감으로

축하합니다~
당선을
축하합니다.
축
당 선
후사모

써 생존을 보장 받고, 후견인은 다수의 의뢰인을 자신의 수하에 둠으로써 명예, 즉 사회적(정치적) 영향력을 발휘하게 되는 구조가 고대 농경 사회의 '후견인-의뢰인' 체제였던 것이다.

이것이 극단적인 불평등이라는 사회 모순을 안고 있던 고대의 농경 사회가 사회적 갈등과 충돌을 미연에 방지하는 완충제 역할을 한 '후견인-의뢰인' 체제의 본질이다. 이러한 사회 체제가 자생적으로 만들어지지 않았다면 고대 사회는 분명 사회혁명과 소요의 악순환을 되풀이했을 것이다.

라비에누스가 카이사르를 배신한 이유는?

고대의 농경 사회를 지탱해 준 '후견인-의뢰인' 체제의 이해를 돕는 좋은 예가 최근에 종영된 사극 〈근초고왕〉에 나온다. 백제에는 진씨 일족과 해씨 일족으로 불리는 두 개의 거대한 귀족이 있었다. 진씨 일족은 대대로 초고왕통의 후계자를, 해씨 일족은 고이왕통의 후계자를 백제의 왕으로 옹립했는데, 이런 와중에서 두 귀족 간의 전쟁이 끊이지 않았다.

백제가 고구려처럼 일찍이 고대 국가로 기틀을 잡지 못한 것은 두 귀족 간의 끊이지 않는 권력 다툼 때문이었다. 그리고 진씨 일족과 해씨 일족이 막강할 수 있었던 데는 자신들에게 속한 의뢰인 수가 다른 귀족들에 비해 압도적으로 많았기 때문이다.

또 시오노 나나미의 역사 소설 《로마인 이야기》도 고대 사회의 '후견인-의뢰인' 체제를 이해하는 데 좋은 예를 제시하고 있다. 《로마사》를 기록한 독일 역사가 테오도어 몸젠(Theodor Mommsen)으로부터 '천년 제국 로마가 낳은 유일한 창조적 천재'란 극찬을 받은 율리우스 카이사르에 얽힌 이야기에서다.

주전 49년 1월 10일, 카이사르는 루비콘 강을 건너면서 인생 최대의 도박을 한다. 그의 유명한 "주사위는 던져졌다"는 말은 이때 나왔다. 군대를 이끌고 루비콘 강을 건너는 것은 쿠데타, 곧 역모에 해당한다. 물론 성공하면 '혁명'이고 실패하면 '역모'가 되겠지만, 카이사르로서는 이것만이 로마의 최고 통치권자로 직행하는 지름길이었다. 이로써 당대 최고의 실력자로서 한때나마 삼두정치의 정치적 동반자였던 카이사르와 폼페이우스는 서로를 향해 창을 겨누는 사이가 된 것이다.

카이사르가 루비콘 강을 건널 때 그의 군대에서는 단 한 명을 제외하고는 이탈자가 나오지 않았다. 그런데 그 이탈자 한 명이 카이사르가 가장 신뢰하던 장군인 라비에누스였다. 카이사르는 처음부터 부하를 선택하지 않고 전쟁터에서 함께 싸우면서 자신의 부하를 만드는 장군이었는데, 그런 카이사르가 싸움 전에 직접 발탁한 유일한 부하가 바로 라비에누스였다. 전쟁 중 피치 못하게 병력을 양분해야 할 상황이 되면 다른 한쪽의 군대는 늘 라비에누스에게 맡겼다.

라비에누스와 카이사르는 무려 13년의 세월을 전장에서 동고동락한 사이였다. 그런 라비에누스가 결정적인 순간에 자신의 상관인 카이사르를 배신한 것이다. 하지만 시오노 나나미는 자신의 책 《로마인 이야기》에서 라비에누스의 선택이 비겁한 배신이 아니었음을 당시의 '후견인–의뢰인' 체제를 빌려 설득력 있게 설명하고 있다.

라비에누스는 카이사르의 정적이 된 폼페이우스를 자신의 후견인으로 섬기고 있었다. 이것은 그의 자발적인 선택이 아니라 대대로 그의 집안이 폼페이우스의 영지에서 살고 있었던 데서 비롯된 선천적인 관계였다. 라비에누스에게 폼페이우스는 '선천적인' 관계였고, 카이사르는 '후천적인' 관계였다. 라비에누스는 이런 절대 절명의 순간에 자신의 후견인인 폼페이우스 편에 가담함으로써 카이사르를 등질 수밖에 없었던 것이다. 《로마인 이야기》에 소개된

카이사르와 라비에누스 이야기는 바로 고대 세계를 지배하던 '후견인-의뢰인' 체제를 가장 드라마틱하게 보여 주는 예이지 않을까 싶다.

성서시대의 이스라엘 사회 역시 '후견인-의뢰인' 체제에 의해 지탱되고 있었다. 후견인은 자신의 수하에 들어와서 살아가는 수많은 의뢰인들에게 수시로 자선을 베푼다. 후견인에게 자선은 선택이 아니라 필수 덕목이었다. 그래서 후견인을 향한 최고의 비난은 '인색하다', '쪼잔하다' 같은 비아냥이었다. 근검절약이 오늘날에는 미덕일지 모르지만 성서시대에는 후견인들에게 수치를 안겨 주는 최고의 악덕이었던 것이다.

누가복음 7장에 나오는 백부장의 이야기는 '후견인-의뢰인' 체제의 단면을 보여 준다. 예수님이 가버나움에 들어가셨을 때 그곳에 있는 유대인 장로들이 찾아왔다. 유대인 장로들은 놀랍게도 당시 유대 땅을 지배하던 로마인 백부장을 위해 간구하러 예수님을 찾은 것이다. 이들이 백부장을 위해 예수님을 찾은 이유는 백부장이 자신들을 위해 자선을 많이 베풀고 회당을 지어 주는 등 좋은 후견인 역할을 했기 때문이다.

> "이에 그들이 예수께 나아와 간절히 구하여 이르되 이 일을 하시는 것이 이 사람에게는 합당하니이다 그가 우리 민족을 사랑하고 또한 우리를 위하여 회당을 지었나이다 하니"(눅 7:4-5).

이처럼 후견인은 자선으로 의뢰인을 돕고, 의뢰인은 후견인에게 합당한 명예를 돌림으로써 '후견인-의뢰인' 체제는 완성된다.

포도원 주인은 고용주이자 후견인

그러면 '포도원 품꾼의 비유'를 당시의 보편적인 사회 체제였던 '후견인-의뢰인' 관점에서 새롭게 이해해 보자.

후견인과 의뢰인의 관계는 반드시 일방적이지만은 않은, 상호의존적인 관계였음을 이미 언급했다. 하지만 여기서 중요한 사실, 즉 후견인과 의뢰인이 관계를 맺을 때 그 주도권이 전적으로 후견인에게 있다는 사실 또한 잊어서는 안 되겠다. 후견인은 수많은 민초들 중 누구를 자기의 의뢰인으로 둘 것인지를 선택할 권한이 있었다.

이것은 후견인의 고유하면서도 절대적인 권한이었고, 사회적으로도 널리 통용되던 권한이었다. 후견인이 임의로 의뢰인을 선택하는 것이지, 의뢰인이 후견인을 찾아가서 무턱대고 조른다고 해서 될 일이 아니었다. 의뢰인의 그러한 행동은 수치스런 일이었고, 당시 사회적 통념에서 비추어 볼 때 감히 상상할 수도 없었다.

사실 가난한 민초들은 막강한 자산 계급이요 유력자인 후견인을 직접 얼굴을 대면하고 만날 기회조차 얻지 못했다. 단지 청지기(집사)와 같은 중재자를 통해 후견인과 간접적으로나마 대면했다. 당시 후견인은 의뢰인이 만나고 싶다고 해서 만날 수 있는 존재가 아니었다. 한마디로 범접하기 힘든 존재였다.

이러한 '후견인-의뢰인' 체제를 통해 '포도원 품꾼의 비유'를 다시 분석해 본다면 우리는 재미난 사실 두 가지를 발견할 수 있다.

첫째, 포도원 주인이 품꾼을 구하러 인력시장에 나타났을 때 그곳에서 인산인해를 이루던 품꾼들 중 어느 누구도 주인에게 달려들어 '제발 자신을 품꾼으로 데려가 달라'고 애걸복걸하지 않았다는 사실이다.

이들은 단지 선택 받기를 간절히 바라면서 포도원 주인 앞을 서성거릴 뿐이었다. 다섯 차례에 걸친 포도원 주인의 방문에서 우리는 단 한 차례도 품꾼들이 먼저 주인에게 찾아와 앵벌이처럼 달라붙는 장면을 볼 수가 없었다. 어디 이뿐인가? 감히 포도원 주인에게 먼저 말을 거는 품꾼도 없었다. 주인이 먼저 물었을 때 겨우 그에 대한 대답을 했을 뿐이다.

포도원 주인: "너희는 어찌하여 종일토록 놀고 여기 서 있느냐?"
품꾼: "우리를 품꾼으로 쓰는 이가 없음이니이다."

만약 포도원 주인이 직접 오지 않고 청지기를 대신 보냈다면 어땠을까? 후견인과 의뢰인 사이를 중재하는 청지기가 왔다면 분명 인력시장의 분위기는 돌변해 저마다 청지기에게 달라붙어 애걸복걸했을 것이다.

둘째, '포도원 품꾼의 비유'에서 포도원 주인은 자신을 두 가지의 서로 다른 모습으로 드러냈다는 사실이다. 하나는 단순한 '고용주'의 모습으로, 다른 하나는 자선을 베푸는 '후견인'의 모습으로 자신을 드러낸다.

예를 들어 포도원 주인은 12시간 꼬박 일한 품꾼들에게는 단순한 고용주의 모습으로 등장한다. 하지만 나머지 품꾼들에게는 자선을 베푸는 후견인으로 등장한다. 물론 정도의 차이는 있지만 3시간 일한 품꾼, 6시간 일한 품

에헴...
왔다리
갔다리
어유 가벼워!
헛둘 헛둘..
여기 좀
봐주세요..

꾼, 9시간 일한 품꾼들 모두에게 포도원 주인은 분명 자선을 베푸는 후견인이었다. 왜냐하면 이들은 공히 하루 12시간을 꼬박 일해야 받을 수 있는 한 데나리온의 품삯을 받았기 때문이다.

의뢰인을 고르는 것은 후견인의 절대적 권한

고용주이자 후견인인 포도원 주인은 품꾼들 중에서 자신의 의뢰인을 임의로 선택할 수 있는 권한이 있었다. 누구에게는 단순히 고용주로서 대하고, 또 누구에게는 마치 자신의 수하에 들어온 가족처럼 과분한 자선을 베푸는 후견인으로 대할 수 있는 것이다. 이것은 앞서 언급한 대로 의뢰인이 감히 이래라 저래라 할 수 없는 후견인만의 고유하면서도 절대적인 권한이었다.

이런 사실을 알 때 하루 종일 일한 품꾼의 불만은 당시의 사회적 통념에서 볼 때도 분명 문제가 있었다. 그것도 단순한 문제가 아니다. 아주 심각하고 치명적인 문제를 드러내고 있는 것이다. 그는 바로 후견인인 포도원 주인만의 절대적인 권한을 침해하고 있는 것이다. 하루 종일 일한 품꾼의 불만을 당시의 '후견인-의뢰인' 개념에서 재해석하면 다음과 같은 말이 된다.

"다른 품꾼들은 당신의 의뢰인으로 선택하면서 나는 어째서 선택하지 않는 거요?"

한 데나리온의 품삯은 애초에 약속된, 그리고 당시에 사회적으로 널리 통용된 금액이었다. 이것보다 더 주는 것은 분명 자선에 속한다. 후견인인 포도원 주인이 그런 자선을 누구에게 베풀지는 전적으로 후견인에게 속한 절대 권한이었다.

비유 속에서 후견인으로 등장하는 포도원 주인은 과연 인색한가? 결코 아니다. 12시간 일한 품꾼을 제외하고는 모두가 일정 부분 이상 포도원 주인으로부터 자선의 혜택을 받았다. 이미 넘치도록 자선은 베풀어졌다. 포도원 주인은 후견인으로서 다수의 의뢰인인 품꾼들로부터 충분히 명예를 얻을 만한 자선을 베푼 것이다.

그런데 하루 종일 일한 품꾼이 자신에게도 자선을 베풀라면서, 즉 자신도 의뢰인으로 받아 달라면서 생떼를 쓰고 있다. 그는 지금 당시의 사회적 통념에서도 결코 받아들일 수 없는 사회적 금기를 범하고 있는 것이다.

불평하는 품꾼: 할아버지 수염을 잡고 흔드는 버릇없는 손자(?)

비유 속에서 포도원 주인은 인생들에게 자선을 베푸시는 하나님을 상징하는 캐릭터로 등장한다. 하나님은 인생들의 든든한 후견인이시다. 그분의 자선은 풍성하게 베풀어진다. 하지만 여기에는 의뢰인인 인생들이 유념해야 할 사실이 있다. 누구를 의뢰인으로 선택할 것인가, 즉 누구에게 가족처럼 대우하면서 자선을 베풀 것인가는 후견인인 하나님께 속한 고유하고 절대적인 권한이라는 사실이다.

우리는 성경에서 후견인인 하나님의 고유하고 절대적인 권한에 도전하는 사람들을 심심치 않게 발견한다. 대표적인 인물이 바로 선지자 요나다. 요나는 하나님이 니느웨 백성에게 은혜 베푸시는 것이 영 못마땅했다. 그는 자신이 니느웨에 가서 심판의 메시지를 전하면 그들이 회개할 것이고, 그러면 하나님이 순식간에 모든 걸 없던 것으로 하고 그들을 용서해 주실 줄 잘 알았다. 요나는 결국 니느웨에 가서 심판의 메시지를 전하라는 하나님의 명령을 거스르고 니느웨와는 반대 방향인 다시스로 가기 위해 욥바 항구를 찾는다.

니느웨 백성에게 은혜를 베푸는 것은 절대적으로 하나님께 속한 고유 권한이다. 그런데 요나는 그러한 하나님의 절대 권한에 반기를 들고 있는 것이다. 이런 모습은 앞선 책에서 다룬 '돌아온 탕자의 비유'에서도 등장한다. 탕자에게 베푼 아버지의 자비를 못마땅히 여기는 첫째 아들의 모습에서도 포도원 주인에게 불평하는 품꾼의 모습이 발견되는 것이다. 이런 행동은 모두 후견인인 하나님의 고유 권한을 감히 건드리는 도무지 있을 수 없는 일인 것이다.

의뢰인에게 후견인은 감히 면전에서 대화할 수도 없는 절대적인 존재다. 청지기와 같은 중재자가 없으면 감히 가까이 다가갈 수도 없는, 그런 범접할 수 없는 존재가 후견인이다. 그런데 의뢰인이 감히 후견인의 면전에서 그의 절대적인 권한을 두고 왈가왈부한다면? 이것은 목숨이 두 개 정도 붙어 있다면 몰라도, 당시 사회에서는 감히 상상할 수도 없는 일이었다.

쉽게 예를 들어 보자. 우리나라 헌법에는 대통령의 고유 권한으로 감사원장 임명권을 규정하고 있다. 대통령이 자신이 생각한 사람을 감사원장으로 임명하려고 하는데, 누군가가 대통령 앞을 가로막으며 그 사람을 선택하지 말고 자신을 선택하라고 생떼를 쓴다면 어떻게 될까? 그가 당할 상황이 충분히 예측되지 않는가?

성서시대의 사회를 지탱해 준 '후견인-의뢰인' 체제를 이해하고 나면 다음과 같은 말씀이 새롭게 이해될 것이다.

> "그런즉 하나님께서 하고자 하시는 자를 긍휼히 여기시고 하고자 하시는 자를 완악하게 하시느니라 혹 네가 내게 말하기를 그러면 하나님이 어찌하여 허물하시느냐 누가 그 뜻을 대적하느냐 하리니 이 사람아 네가 누구이기에 감히 하나님께 반문하느냐 지음을 받은 물건이 지은 자에게 어찌 나를 이같이 만들었느냐 말하겠느냐 토기장이가 진흙 한 덩이로 하나는 귀히 쓸 그릇을, 하나는 천히 쓸 그릇을 만들 권한이 없느냐 만일 하나님이 그의 진노를 보이시고 그의 능력을 알게 하고자 하사 멸하기로 준비된 진노의 그릇을 오래 참으심으로 관용하시고 또한 영광 받기로 예비하신 바 긍휼의 그릇에 대하여 그 영광의 풍성함을 알게 하고자 하셨을지라도 무슨 말을 하리요"(롬 9:18-23).

하나님은 하나님이 원하시는 것을 할 수 있는 자유가 있다. 그것이 비록 피조물인 우리들 눈에 때로 불합리하고 변덕스럽게 보일지라도 말이다.

> "여호와께서 이르시되 내가 내 모든 선한 것을 네 앞으로 지나가게 하고 여호와의 이름을 네 앞에 선포하리라 나는 은혜 베풀 자에게 은혜를 베

풀고 긍휼히 여길 자에게 긍휼을 베푸느니라"(출 33:19).

하나님은 대통령과도 비교할 수 없을 만큼 막강한 권한을 가지고 있는 우리의 후견인이 아니신가? 하루 종일 일한 품꾼이 포도원 주인 앞에서 대놓고 불평하는 상황은 당시의 사회적 통념에서 볼 때도 도저히 있을 수 없는 사악한 행위다. 포도원 주인은 분명 품꾼들에게 넘치는 자선을 베풀었다. 자선을 마구 베푼다고 해서 이것이 감히 그분과 맞서도 좋다는 것을 의미하지는 않는다. 이것은 마치 '오냐 오냐' 하니까 할아버지 수염을 잡고 흔들려는 버릇없는 손자의 배은망덕한 행동이나 다름없는 것이다.

chapter

07

포도원 품꾼들이 정의롭지 않을 뿐 아니라 사악한 이유는?(2)

성서시대의 '악한 눈—선한 눈' 개념

품꾼들은 지금 자신들에게 은혜와 긍휼을 베푼, 즉 지극히 '선한 눈'을 갖고 있는 포도원 주인에게 파괴적이고 살인적인 '악한 눈'을 던지고 있다. 비유 속의 포도원 주인이 하나님의 대역이라면 품꾼들은 지금 하나님이 멸망하도록 '악한 눈'을 던지고 있는 것이다.

우리는 포도원 주인에게 불평을 토로한 품꾼이 단지 정의롭지 못할 뿐 아니라 심히 사악한 사람이라는 것을 밝히기 위해 성서시대 '후견인–의뢰인' 체제에 대해 살펴보았다. 이번 장에서는 '포도원 품꾼의 비유'가 주는 메시지의 핵심에 이르기 위해 성서시대 '선한 눈–악한 눈'의 개념에 대해 살펴볼 것이다.

포도원 품꾼의 불평에서는 알 수 없었던 그의 심각하고 치명적인 문제가 포도원 주인의 말을 통해서 백일하에 드러났다.

"내가 선하므로 네가 악하게 보느냐"(마 20:15).

표준새번역은 이 구절을 다르게 번역하고 있다.

"내가 후하기 때문에, 그대 눈에 거슬리오?"

같은 말씀을 놓고 개역성경과 표준새번역 성경이 번역을 이렇게 다르게 할 수밖에 없는 이유가 있다. 이 말씀이 사복음서의 말씀 중 해석이 어려운 난해구절에 속하기 때문이다. 사복음서, 그중에서도 예수님이 직접 말씀하신 부분에는 공교롭게도 이런 난해구절들이 많다. 대부분의 기독교 출판사에서 나오는 성경은 예수님이 직접 하신 말씀을 특별히 빨간색으로 표시하고 있다. 바로 그 말씀들에 해석이 어려운 난해구절들이 몰려 있는 것이다.

《삼국지》 위서에는 '독서백편의자현'(讀書百遍義自見)이란 유명한 글귀가 나온다. '아무리 어려워도 백 번을 반복해서 읽으면 자연히 알게 된다'는 뜻이다. 그런데 이 말은 사서삼경에는 통할지 모르지만, 안타깝게도 성경에서는 통하지 않는다. 특히 지금 언급하려고 하는 사복음서 안에 박혀 있는 난해구절들은 백 번이 아니라 천 번을 반복해서 읽어도 그 뜻을 알기가 쉽지 않다. 오히려 더 오리무중에 빠질 때가 많다.

나는 언젠가 《열린다 성경》 시리즈(몇 탄이 될지는 모르지만)를 통해서 예수님의 말씀 중에서 이 난해구절들만 모아서 풀어 보려고 한다. 복음서의 난해구절들을 연구하다 보면 한 가지 공통점을 발견하게 되는데, 그것은 이 난해구절들이 하나같이 히브리어 관용구(idiom)들과 직간접적으로 연관되어 있다는 사실이다. 예수님이 직접 하신 말씀 중에서 특별히 난해구절이 많은 이유도 예수님이 말씀을 가르치시는 중에 수시로 히브리어 관용구를 사용하셨기 때문이다.

'관용구'(idiom)란 무엇인가? 바로 그 시대의 문화적 상황에서만 특별히 통용되는 표현을 말한다. 관용구에 대한 이해를 돕기 위해 우스운 예를 몇 가지만 들어 보자.

〈개그콘서트〉는 요즘 공중파 방송 가운데 유일하고 독보적인 코미디 프로그램으로서 이곳에서는 매주 새로운 유행어와 언어의 트렌드가 창출되고 있다. 이런 현상이 긍정적이냐, 아니면 부정적이냐를 따지는 것은 언어학자들의 몫일 테고, 나는 그저 이런 현상을 통해 유행어 형태를 띠고 있는 관용구의 본질을 설명하려고 한다.

요즘 아이들은 대화를 할 때 어이가 없으면 이렇게 간단히 표현한다.

"헐!"

"대-박!"

이외에도 '완전'이라는 단어도 자주 사용한다.

"완전 좋아!", "완전 이뻐!", "완전 어이없어!"

사실 이런 경우 국문학적으로는 '너무'라는 부사를 사용해야 옳다.

"너무 좋아!", "너무 이뻐!", "너무 어이없어!"

하지만 요즘 아이들한테 이렇게 문법적으로 옳은 표현을 들먹이며 따지고 들면 그들은 틀림없이 "헐!" 하며 '완전' 무시할 것이다.

이외에도 이 시대가 양산해 내는 관용구들은 참으로 많다. '엄친아', '된장녀', '품절녀', '베이글녀' 등 이루 셀 수 없다.

무엇을 말하려 함인가? 요즘 젊은이들이 즐겨 쓰는 이런 관용구들을 나이가 지긋한 할머니, 할아버지에게 쓴다면 어떻게 될까? 여기서 더 나아가 다른 나라 언어로 이 관용구들을 번역해야 한다면 어떻게 될까? 이쯤 해서 관용구의 난해함이 어떤지 그 핵심이 느껴지리라 생각한다.

예수님이 말씀 중에 즐겨 사용하신 히브리어 관용구는 사복음서에 상당한 분량으로 등장한다. 충분히 《열린다 성경》의 새로운 시리즈로 다루어도 좋을 만큼의 양이다. 특별히 마태복음 5-7장에 나오는 산상수훈에 히브리어 관용구가 녹아 있는 난해구절들이 많다. 이 히브리어 관용구들은 예수님이 사역하신 1세기, 좀 더 넓게 잡는다면 그 전후 1세기까지 포함해서 약 300년가량 유대인 사회에서 통용되던 표현들이다. 물론 개중에는 현대 히브리어에서도 통용되는 표현이 있다. 하지만 그 수가 그리 많지 않다. 오늘날 유대인들도 이해하기 힘든 당시의 히브리어 관용구, 이것을 유대인 성경 저자들이 당시의 세계 공용어였던 헬라어를 빌려서 기록했고, 이것이 다시 영어, 중국어, 한국어로 번역되었으며, 현재 우리가 읽고 있는 번역성경은 그 최종 산물이다. 우리가 쉽게 접하는 성경이 때로는 이렇게 어려울 수도 있다는 사실에 모골이 송연해지면서 다시금 옷깃을 여미게 된다. 고작 성경 몇 번 통독했다고 해서 성경을 많이 아는 것처럼 으스대던 나 자신이 부끄러워진다.

예수님의 많은 말씀들 가운데 특별히 '비유'는 당시의 문화적, 언어적, 지리적, 역사적 세팅을 종합적으로 이해해야만 그 본래 의미에 도달할 수 있는 난해구절의 결정판이라 할 수 있다. 애초에 《열린다 비유》를 기획하면서 하나의 비유만으로 한 권을 쓰려는 과감한(?) 시도를 한 것도 이런 이유에서였다.

그러면 이번 장을 통해서 포도원 주인이 품꾼들에게 마지막으로 한 "내가 선하므로 네가 악하게 보느냐?"는 말 속에 숨어 있는 품꾼들의 사악함을 들추어내 보자.

히브리어 관용구인 '선한 눈-악한 눈'의 개념

그러면 여기서 개역성경과 표준새번역 성경의 서로 다른 번역을 다시 한 번 언급해 보자.

"내가 선하므로 네가 악하게 보느냐"(개역성경).

"내가 후하기 때문에, 당신 눈에 거슬리오?"(표준새번역)

두 성경의 뉘앙스가 이토록 확연히 다른 이유는 번역이 모호할 수밖에 없는 히브리어 관용구 때문이다. 다시 말해 '선한 눈—악한 눈'의 개념을 이해해야 하는 것이다.

우리말에는 '눈이 좋다, 눈이 나쁘다'(시력이 좋다, 시력이 나쁘다는 뜻)는 표현은 있어도 '눈이 선하다, 눈이 악하다'는 표현은 없다. 굳이 비슷한 표현을 찾자면 '눈매가 선하다, 눈매가 악하다'는 식의 표현이 있다.

그렇다면 히브리어 관용구인 '선한 눈—악한 눈'이 우리말에서 사용하는 '눈매가 선하다, 눈매가 악하다'는 표현과 과연 같은 의미일까? 물론 그렇지 않다. 비슷하지도 않을뿐더러 전혀 다른 표현이다. 그게 바로 관용구의 본질인 것이다.

히브리어 관용구인 '선한 눈—악한 눈'의 개념을 이해하기 위해서는 성서시대 유대인들의 독특한 인체관을 알아야 한다. 현대 의학의 발달로 해부학적 개념이 등장하기 전까지 고대 사회에서는 자기들의 문화에 맞는 독특한 인체관이 있었다.

예를 들자면 한의학에서는 인체를 '오장육부'로 표현한다. 한의학에서 말하는 '오장'(五臟)은 간장, 심장, 비장, 폐장, 신장을 말하는데, 재미난 사실은 한의학에서 말하는 이 오장은 현대 해부학에서 말하는 오장과 많이 다르다는 점이다. 한의학에서 말하는 '간장'이 현대 해부학에서 말하는 '간'(liver)과 정확히 일치하지 않는 것이다.

이처럼 성서시대 유대인들에게도 자신들만의 독특한 인체관이 있는데, 이것 역시 성경 이해를 위해서 무척 중요한 배경 지식이 된다. 성경은 성령의 감동에 의해 씌어진 계시의 책이지만, 분명한 사실은 유대인 저자들을 통해 성경이 기록되었고 그 안에는 유대적 사고와 가치관이 물씬 배어 있다는 것이다.

사실 성서시대 유대인들의 인체관이라는 주제 하나만으로도 한 권의 책을 쓸 수 있을 만큼 그 분량이 엄청나다. 성경에는 유대인들의 인체관을 알아야 본래 의미를 이해할 수 있는 말씀들이 무척 많다. 특히 복음서에 나타난 예수님의 치유 사역을 이해하는 데 큰 도움이 된다.

하지만 여기서는 성서시대 유대인들의 인체관 중 '선한 눈-악한 눈'의 개념을 이해하는 수준에서 간략하게 언급하려고 한다. '메인 메뉴' 없이 감질나게 '맛 뵈기'만 선보이는 것 같아 아쉽긴 하지만 성서시대 유대인들의 인체관은 언젠가 다음번 시리즈를 통해 소개하기로 약속해 본다.

성서시대 유대인들의 인체관

성서시대 유대인들의 인체관은 다음과 같은 세 가지 시스템으로 설명할 수 있다.

1. 심장-눈 시스템(heart-eye zone)
2. 입-귀 시스템(mouth-ears zone)

3. 손–발 시스템(hands–feet zone)

한의학이 오장육부 시스템을 통해 인체를 설명하듯이, 성서시대 유대인들은 위에 언급한 세 가지 시스템을 통해 인체를 설명한다. 복잡하고 난해한 해부학적 인체관에 익숙해진 현대인들에게는 '뭐, 이렇게 심플한 인체관도 다 있나?' 싶겠지만, 고대인들의 인체관은 동서양을 막론하고 모두 이렇게 심플했다. 하지만 이러한 인체관을 이해함으로써 고대인들의 삶의 현장으로 들어갈 수 있으니, 현대인들에게는 그 심플함이 오히려 복이 아니겠는가? 현대 해부학처럼 한없이 복잡하다면 감히 엄두가 나지 않을 테니까 말이다.

그러면 간단히 위에서 언급한 세 가지 인체 시스템에 대한 부가적인 설명을 해보자.

첫째, 심장–눈 시스템(heart–eye zone)이다. 인체는 눈을 통해 외부의 정보를 수집하고 수집된 정보를 심장(마음)에 보낸다. 심장(마음)은 그것을 가공하고 묵상하고 판단한다. 이것은 외부 세계를 내 속으로 받아들이고 판단하는, 일종의 감정과 사고의 영역(emotion–fuse thinking)이다.

둘째, 입–귀 시스템(mouth–ears zone)이다. 인체는 귀를 통해 외부의 정보를 듣고 그것을 자신만의 것으로 소화해 낸다. 이렇게 소화된 내용은 입을 통해 외부 세계로 표현된다. 이것은 외부 세계에 자신을 표현하고 변호하는 언어의 영역(self–expressive speech)이다.

셋째, 손–발 시스템(hands–feet zone)이다. 이것은 눈으로 보고, 귀로 듣고 판단된 정보들을 종합적으로 분석해 최종적으로 손발을 움직여 행동을 취하는 것이다. 성서시대에 이런 활동은 주로 자신의 명예를 지키려는 수동적인 동기, 또는 명예를 쌓으려는 적극적인 동기에서 이루어졌다. 이것은 외부 세계에 적극적으로 영향력을 행사하는 의도적인 활동 영역(purposely activity)이다.

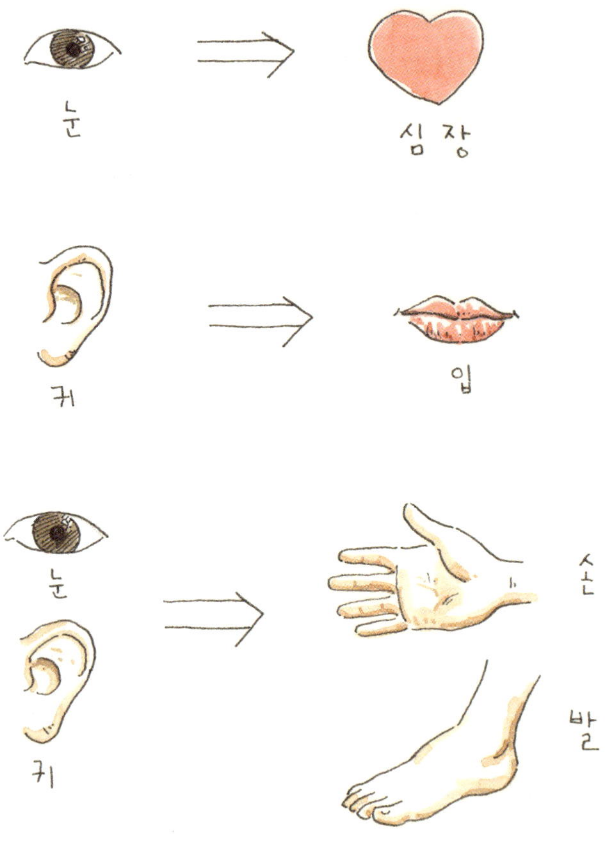

결국, 위에서 언급한 세 가지 인체 시스템은 인체가 외부 세계인 자연과, 또는 개인이 외부 세계인 사회와 어떻게 소통하고 교류하는가를 체계적으로 설명하고 있다. 성서시대 유대적 인체관에 대한 개괄적인 설명은 이 정도로만 마치고 다음 단계로 넘어가 보자.

심장-눈 시스템: 심장과 눈은 찌릿찌릿 전류가 통한다

'포도원 품꾼의 비유' 속에 숨겨진 중요한 문화적 세팅인 히브리어 관용구 '선한 눈-악한 눈'의 개념을 이해하기 위해서, 나는 언뜻 복잡해 보이는 성서시대 유대인들의 인체관을 열거했다. 물론 '선한 눈-악한 눈' 개념을 이해하기 위해서는(이미 눈치 챘겠지만) 첫 번째 언급한 '심장-눈 시스템'(heart-eye zone)에 대한 집중적인 이해가 필요할 것이다.

여기서 '심장'으로 번역된 히브리어 원어는 '레브'(לֵב)다. 이것은 현대 해부학적 개념의 'heart'와는 거리가 멀다. 해부학적 개념에서 심장은 쉼없는 박동을 통해 말초혈관까지 혈액을 공급해 주는 펌프 역할을 한다. 하지만 유대적 개념에서 '레브'(심장)는 현대적 개념으로 이해한다면 '마음'에 더 가깝다. 유대인들은 우리 몸에서 생각과 사고를 주관하는 곳을 '레브'라고 여긴 것이다.

현대적 개념에서는 생각과 사고를 주관하는 기관은 '뇌'(brain)일 것이다. 하지만 성서시대 유대인들은 그런 뇌의 기능을 담당하는 곳이 '심장'이라고 보았다. 이 점에서만 본다면 유대적 인체관에서 본 심장과 한의학에서 본 심장은 일맥상통한다. 한의학에서도 생각과 사고의 기능을 담당하는 장기를 '심장'으로 이해하기 때문이다. 비록 동서양이라는 지리적 배경은 다르지만, 고대 세계라는 동시대의 사유를 공유했기 때문이리라. 어찌 보면 이스라엘도 '근동'(Near East)으로 불리는 동양이니까 굳이 서양이라고 표현하면 어폐가 있으려나?

성서시대 유대인들은 '눈'이라는 기관을 통해 외부 세계를 보고, 그렇게 인식한 정보들이 심장에 저장된다고 이해했다. 그렇게 본다면 '눈'에 대한 성서시대 유대인들의 인식은 현대인들의 그것과 별반 다르지 않다. 하지만 그들에게 '눈'은 단순히 외부 세계를 보는 기관에서만 멈추지 않는다.

눈으로 보는 외부 세계는 '심장-눈' 시스템의 심장으로 곧바로 통하게 된다. 무엇을 보는가에 따라 심장(마음)에 직접적인 전류를 통하게 한다는 것이 성서시대 유대인들의 사고였던 것이다. 정말 그렇지 않은가? '무엇을 보느냐?' 그것이 문제다. 그것이 심장, 즉 마음에 전류를 통하게 하니까 말이다. 성서시대 유대인들의 인체관 중 심장-눈 시스템, 즉 서로 전류가 찌릿찌릿 통하는 심장(마음)과 눈의 관계를 알고 다음의 성경 구절을 읽어 보자. 분명 새롭게 와 닿을 것이다.

> "이 술은 너희가 보고 여호와의 모든 계명을 기억하여 준행하고 너희를 방종하게 하는 자신의 마음과 눈의 욕심을 따라 음행하지 않게 하기 위함이라"(민 15:39).

"내 제단에서 내가 끊어 버리지 아니할 네 사람이 네 눈을 쇠잔하게 하고 네 마음을 슬프게 할 것이요 네 집에서 출산되는 모든 자가 젊어서 죽으리라"(삼상 2:33).

"여호와께서 그에게 이르시되 네 기도와 네가 내 앞에서 간구한 바를 내가 들었은즉 나는 네가 건축한 이 성전을 거룩하게 구별하여 내 이름을 영원히 그곳에 두며 내 눈길과 내 마음이 항상 거기에 있으리니"(왕상 9:3).

"만일 내 걸음이 길에서 떠났거나 내 마음이 내 눈을 따랐거나 내 손에 더러운 것이 묻었다면"(욥 31:7).

"여호와여 내 마음이 교만하지 아니하고 내 눈이 오만하지 아니하오며 내가 큰 일과 감당하지 못할 놀라운 일을 하려고 힘쓰지 아니하나이다"(시 131:1).

"무엇이든지 내 눈이 원하는 것을 내가 금하지 아니하며 무엇이든지 내 마음이 즐거워하는 것을 내가 막지 아니하였으니 이는 나의 모든 수고를 내 마음이 기뻐하였음이라 이것이 나의 모든 수고로 말미암아 얻은 몫이로다"(전 2:10).

"청년이여 네 어린 때를 즐거워하며 네 청년의 날들을 마음에 기뻐하여 마음에 원하는 길들과 네 눈이 보는 대로 행하라 그러나 하나님이 이 모든 일로 말미암아 너를 심판하실 줄 알라"(전 11:9).

"눈이 밝은 것은 마음을 기쁘게 하고 좋은 기별은 뼈를 윤택하게 하느니라"(잠 15:30).

"그러나 네 두 눈과 마음은 탐욕과 무죄한 피를 흘림과 압박과 포악을 행하려 할 뿐이니라"(렘 22:17).

"너희 중에서 살아남은 자가 사로잡혀 이방인들 중에 있어서 나를 기억하되 그들이 음란한 마음으로 나를 떠나고 음란한 눈으로 우상을 섬겨 나를 근심하게 한 것을 기억하고 스스로 한탄하리니 이는 그 모든 가증한 일로 악을 행하였음이라"(겔 6:9).

"이러므로 우리의 마음이 피곤하고 이러므로 우리 눈들이 어두우며 시온산이 황폐하여 여우가 그 안에서 노나이다"(애 5:17–18).

눈: 그것을 갖고 싶은 탐심

유대인들의 인체관 중에서 심장–눈 시스템을 이해할 때 '눈'이 단순히 외부의 사물을 보는 감각기관의 차원을 넘어서는 확대된 개념임을 알 수 있다. 마치 우리말 표현의 '견물생심'(見物生心)처럼, 눈은 단순히 보는 데서 그치지 않고 자신이 보는 그것(구체적인 물건)을 갖고 싶은 '탐심'과 연결됨을 의미한다.

고로 성서시대 유대인들에게 '눈'은 단순히 보는 데서 그치지 않고 심장(마음)에 '탐욕'을 불러일으키는 원흉으로 인식되었다. '눈으로 보는 것'이 탐욕으로 연결된 사례는 성경에서 심심치 않게 찾아볼 수 있다.

> "여자가 그 나무를 본즉 먹음직도 하고 보암직도 하고 지혜롭게 할 만큼 탐스럽기도 한 나무인지라 여자가 그 열매를 따먹고 자기와 함께 있는 남편에게도 주매 그도 먹은지라"(창 3:6).

인류 범죄의 시작은 하와가 선악과를 '봄'에서 시작되었다. 그것을 본 후 갖고 싶은, 구체적으로 말하면 먹고 싶은 탐욕이 생긴 것이 화근이었다.

> "저녁때에 다윗이 그의 침상에서 일어나 왕궁 옥상에서 거닐다가 그곳에서 보니 한 여인이 목욕을 하는데 심히 아름다워 보이는지라"(삼하 11:2).

'하나님의 마음에 합한 사람'이라는 최고의 찬사를 받던 다윗을 치명적인 범죄자로 만든 사건도 결국 눈이 그 화근이었다. 왕궁의 지붕을 어슬렁거리다가 실오라기 하나 걸치지 않고 목욕하는 한 여인을 보았고 즉시 취하고 싶은 탐심이 들어온 것이다.

"마귀가 또 그를 데리고 지극히 높은 산으로 가서 천하만국과 그 영광을 보여 이르되 만일 내게 엎드려 경배하면 이 모든 것을 네게 주리라"(마 4:8-9).

사탄은 공생애 사역을 출발하려는 예수님을 찾아와 세 가지 시험을 했다. 사탄은 십자가를 지는 '고난의 종'으로서 메시아의 길을 가려는 예수님의 마음을 사정없이 흔들기 원했고, 그렇게 하려면 신체의 어느 기관을 이용해야 하는지도 잘 알았다. 천하만국의 영광을 예수님께 살짝 보여 준 것이다. 이 시험은 예수님을 유혹하려던 사탄의 시험 중 마지막 시험, 즉 '히든카드'요 가장 확실한 패였던 것이다. 물론 이 패도 보기 좋게 실패하고 말았다.

"이는 세상에 있는 모든 것이 육신의 정욕과 안목의 정욕과 이생의 자랑이니 다 아버지께로부터 온 것이 아니요 세상으로부터 온 것이라"(요일 2:16).

저자 요한은 요한일서에서 눈을 통해 이 세상에 들어온 죄악에 대해서 '안목의 정욕'이란 말로 표현하고 있다.

"만일 네 눈이 너를 범죄하게 하거든 빼어 내버리라 한 눈으로 영생에 들어가는 것이 두 눈을 가지고 지옥 불에 던져지는 것보다 나으니라"(마 18:9).

현대의 성경 독자들은 이 말씀에 나오는 '범죄케 하는 눈'을 읽을 때 무엇을 떠올릴까? 현대인들을 범죄케 하는 눈은 아마도 각종 음란물의 유혹이 아닐까 싶다. 하지만 예수님으로부터 직접 이 말씀을 들은 청중은 '범죄케 하는 눈'이라고 할 때 남의 것을 갖고 싶은 탐심을 떠올렸을 것이다.

관용구로서의 '선한 눈–악한 눈'

성서시대 유대인들의 인체관 중 하나인 '심장–눈 시스템'과 '눈'이 단순히 보는 차원을 넘어서 '탐심'으로 의미가 확대된다는 것을 알 때 히브리어 관용구인 '선한 눈–악한 눈' 개념도 쉽게 이해할 수 있다.

'선한 눈'은 히브리어로 '아인 톱'(עין טוב)이라 하고, '악한 눈'은 '아인 라'(רע עין)라고 말한다. 선한 눈, 악한 눈은 이미 언급한 대로 시력의 좋고 나쁨과는 아무런 상관이 없는 표현이다. 눈매가 선하고 악한 것과도 상관없다.

'눈'이 '심장'(마음)에 탐심을 불러일으키는 기관임을 알 때 성서시대 유대인들이 사용하던 관용구인 '선한 눈–악한 눈'의 개념을 이해할 수 있다.

선한 눈: 어떤 물건을 보아도 그것을 갖고자 하는 탐심이 일어나지 않는 눈

악한 눈: 어떤 물건을 볼 때 그것을 소유하지 않으면 견딜 수 없을 정도의 무서운 탐심을 일으키는 눈

쉬운 예를 들어 보자. '황금 보기를 돌같이 하라'는 유명한 경구를 남긴 최영 장군은 성서시대 유대인들의 관점에서 본다면 '선한 눈'을 가진 사람이다. 물론 최영 장군 자신이 이것을 말로만 하지 않고 실천하는 삶을 살았다면 말이다.

'선한 눈–악한 눈'은 이렇게 탐심과 관련되는데, 여기서 의미가 확대되어 다음과 같은 독특한 의미를 갖는 관용구가 된 것이다.

선한 눈: 물질을 아끼지 않고 잘 쓰는(generous)
악한 눈: 물질에 연연하고 인색한(stingy)

히브리어 관용구인 '선한 눈–악한 눈'의 표현은 성경에도 등장하는데, 몇 가지 예를 들어 보자.

> "삼가 너는 마음에 악한 생각을 품지 말라 곧 이르기를 일곱째 해 면제년이 가까이 왔다 하고 네 궁핍한 형제를 악한 눈으로 바라보며 아무것도 주지 아니하면 그가 너를 여호와께 호소하리니 그것이 네게 죄가 되리라"(신 15:9).

'악한 눈으로 바라보며 아무것도 주지 않는다'는 표현이 언뜻 눈에 들어올 것이다. 히브리어 관용구를 모를 때는 그냥 넘어갈 수밖에 없던 이 표현이 지금은 우리 눈에 보기 좋게 낚이는 것이다. 이 말은 물론 '인색하게 아무것도 주지 않는다'는 관용구적인 표현이다.

> "악한 눈이 있는 자의 음식을 먹지 말며 그의 맛있는 음식을 탐하지 말지어다"(잠 23:6).

'악한 눈이 있는 자의 음식', 즉 '인색하고 쪼잔한 자가 베푸는 음식'은 먹지 말라는 것이다. 이런 자가 베푸는 음식을 먹었다가는 소화도 잘 되지 않을 것이다.

> "선한 눈을 가진 자는 복을 받으리니 이는 양식을 가난한 자에게 줌이니라"(잠 22:9).

> "악한 눈이 있는 자는 재물을 얻기에만 급하고 빈궁이 자기에게로 임할 줄은 알지 못하느니라"(잠 28:22).

이 두 말씀은 일목요연하게 '선한 눈—악한 눈'이 대비되어 등장한다. '선한 눈을 가진 자'는 물질을 가난한 자에게 아낌없이 베푸는 자이고, '악한 눈이 있는 자'는 가난한 자를 구제하는 데 인색한 사람을 가리킨다.

히브리어 관용구인 '선한 눈—악한 눈'의 개념은 성경뿐 아니라 유대인들의 신구약 중간기 문헌에도 등장한다.

"악한 눈은 떡을 탐하고 그의 상에서 인색하느리라"(시락서 14:10).

"선한 사람은 악한 눈을 가지고 있지 않다. 그는 모든 사람에게 자비를 베푼다"(베냐민의 유언 4:2).

"악한 눈을 가진 자에게 네 재산을 맡기지 말라"(4Q424 frag.1, 10).

네 눈이 성하면 온몸이 밝을 것이요

"눈은 몸의 등불이니 그러므로 네 눈이 성하면 온몸이 밝을 것이요 눈이 나쁘면 온몸이 어두울 것이니"(마 6:22–23).

이 말씀은 마태복음 5–7장에 나오는 산상수훈 속에 박혀 있는 난해구절의 '압권'이라 할 만하다. 여기서 문제는 우리말 성경에 '네 눈이 성하면'과 '눈이 나쁘면'으로 번역된 부분이다.

내가 이 말씀을 난해구절의 압권이라 부른 데는 특별한 이유가 있다. 그것은 '네 눈이 성하면'과 관련된 영어성경의 다양한 번역본을 비교해 보면서 느낀 당혹감 때문이다. 언뜻 대수롭지 않아 보이는 이 말씀을 가지고 영어성경은 참으로 다양한 번역을 쏟아내고 있다. 이 중 10개의 영어성경 본문만 소개해 보겠다.

1. If thine eye be single(KJV)

2. If your eye is good(NKJV)

3. If your eyes are good(NIV)

4. If thine eye be single(ASV)

5. If your eye is clear(NASB)

6. If your eye is sound(RSV)

7. If your eye is healthy(NRSV)

8. If your eye is pure(NLT)

9. If thine eye be perfect(YLT)

10. If your eye is true(BBE)

우리말 성경의 다양한 번역본이 '네 눈이 성하면'으로 통일한 것과 달리, 영어성경의 번역본은 천차만별이다. '성하다'는 부분을 single, good, clear, healthy, perfect, sound, pure, true 등 다양한 형용사를 사용하고 있는 것이다. 그렇다고 해서 우리말 성경의 번역인 '네 눈이 성하면'이 정확한 번역이라는 것은 아니다. 우리말 성경은 일관되게 틀린 번역을 하고 있고, 영어성경은 옳은 번역을 향해서 다양한 시행착오를 하는 상황이라고 할 수 있다. 물론 이런 다양한 번역본에도 옳은 번역은 없다.

우리말 성경에 '네 눈이 성하면—눈이 나쁘면'으로 번역된 부분 역시 히브리어 관용구인 '선한 눈—악한 눈'과 관련되어 있다. '눈은 마음의 창'이라는 경구처럼, 선한 마음과 악한 마음을 말하는 것이 아니다. 간혹 이 말씀을 영적으로 해석해서 '영적인 눈'(영안)으로 해석하는 경우도 종종 있다. 하지만 이것은 알레고리적인 해석일 뿐, 본래 의미와는 아무런 상관이 없다.

히브리어 관용구인 '선한 눈–악한 눈'의 개념을 알지 못해서 영어성경의 번역본이 방황하는 모습은 'eye'를 단수와 복수로 왔다 갔다 하는 것에서 그 절정에 이른다. 히브리어 관용구인 '선한 눈–악한 눈'은 '눈'을 분명히 단수로 고정시켜서 사용하고 있다. 유대인이라고 해서 눈이 하나만 있는 것은 아닐 테지만, 관용구란 그런 것이다. 히브리어 관용구에서는 '눈'에 해당하는 히브리어인 '아인'을 그냥 단수 형태로 사용해서 '선한 눈'(아인 톱), '악한 눈'(아인 라)과 같이 사용한 것이다.

하지만 히브리어 관용구로서 '선한 눈–악한 눈'의 개념을 알지 못할 때 영어성경은 '눈'에 해당하는 'eye'를 단수로 번역하다가 어떤 번역본에서는 복수 형태인 'eyes'를 사용하고 있다. 아무래도 눈이 두 개인데 복수로 번역하는 것이 타당하지 않을까 하는 생각에서 그랬을 것이다.

히브리어 관용구인 '선한 눈–악한 눈'은 앞서 언급한 대로 물질과 관련된 마음 씀씀이를 가리키는 것이지 결코 눈이 좋고 나쁜 것과는 상관이 없다.

히브리어 관용구로서 '선한 눈–악한 눈'의 특별한 의미는 마태복음 6장 22–23절의 전후 문맥을 살펴볼 때 더욱 확실히 드러난다.

> "너희를 위하여 보물을 땅에 쌓아 두지 말라 거기는 좀과 동록이 해하며 도둑이 구멍을 뚫고 도둑질하느니라 오직 너희를 위하여 보물을 하늘에 쌓아 두라 거기는 좀이나 동록이 해하지 못하며 도둑이 구멍을 뚫지도 못하고 도둑질도 못하느니라 네 보물 있는 그곳에는 네 마음도 있느니

라 눈은 몸의 등불이니 그러므로 네 눈이 성하면 온몸이 밝을 것이요 눈이 나쁘면 온몸이 어두울 것이니 그러므로 네게 있는 빛이 어두우면 그 어둠이 얼마나 더하겠느냐 한 사람이 두 주인을 섬기지 못할 것이니 혹 이를 미워하고 저를 사랑하거나 혹 이를 중히 여기고 저를 경히 여김이라 너희가 하나님과 재물을 겸하여 섬기지 못하느니라"(마 6:19-24).

마태복음 6장 22-23절이 포함된 전체 본문은 이 땅에서 물질을 어떻게 사용해야 하는가의 문제를 다루고 있다. 결론은 하나님과 물질을 겸하여 섬길 수 없다는 것이다. 결국 '네 눈이 성하면-눈이 나쁘면'의 번역을 히브리어 관용구의 의미를 살려서 새롭게 번역하면 다음과 같이 될 것이다.

네 눈이 성하면: 눈으로 보고 욕심을 내지 않으면
네 눈이 나쁘면: 눈으로 보고 욕심을 내면

'악한 눈' 속에 숨겨진 무서운 파괴력

'선한 눈-악한 눈'이 각각 가난한 자들에게 물질을 잘 쓰는, 그리고 인색한 것을 의미하는 관용구로 변하게 된 과정을 성서시대 유대인들의 인체관을 가지고 설명했다. 하지만 '포도원 품꾼의 비유'에 등장하는 품꾼들의 사악함을 이해하기 위해서는 이 정도의 지식만으로는 아직 워밍업에 불과하다. '선한 눈─악한 눈'의 관용구에 숨겨진 무서운 파괴력은 아직 그 모습을 드러내지도 못했다. 나는 여기서 '파괴력'이라는 섬뜩한 표현을 의도적으로 사용했는데, 그만큼 '악한 눈'에는 그런 무시무시한 의미가 숨겨져 있기 때문이다.

악한 눈, 즉 히브리어로는 '아인 라'((עין רע), 영어로는 'evil eye'로 번역되는 이 표현에 특별히 주목할 필요가 있다. 성서시대 유대인들에게 '악한 눈'이란 표현은 단순히 '물질에 인색한 것'을 넘어서 무서운 파괴력을 지닌 단어였다.

여기서 성서시대 유대인들에게 '눈'이 단순히 외부의 사물을 보는 기관의 차원을 넘어서 '탐심'을 의미하게 되는 과정을 기억할 필요가 있다. '견물생심'이란 말처럼 어떤 구체적인 사물을 보면 그것을 갖고 싶은 욕망, 즉 탐심이 들어오게 마련이다.

어떤 괜찮은 물건을 볼 때 그것을 소유하고픈 마음이 드는 것은 고대인이나 현대인이나 다를 바가 없다. 인간의 죄악 된 본성은 물질문명의 발달과는 무관하게 그다지 변한 게 없기 때문이다. 그런데 고대인과 현대인들이 마음에서 솟구치는 탐심을 해결하는 과정은 확연한 차이가 있다.

예를 들어 현대인들은 옆집 이웃이 캐딜락 자동차를 사면 부럽고 자신도 그것을 갖고 싶은 마음이 들지만, 그 앞에서는 애써 좋은 이야기들을 늘어놓는다. 그리고 자기 집으로 돌아와서는 적금을 깨든 무슨 수를 써서라도 옆집보다 더 좋은 차, 즉 BMW나 벤츠 같은 차로 바꿀 궁리를 한다. 하지만 탐심이 솟구칠 때 이런 마음을 해결하는 과정에서 고대인들은 현대인들의 그것과 완전히 달랐다.

사고
말거야!
탈 탈

제한된 재화 vs. 무제한적인 재화

고대인과 현대인들은 살아가는 세상 자체가 다르다. 현대인들은 모든 재화(goods, 상품)를 자신이 원하기만 하면 언제든지 가질 수 있는 풍성한 세상에서 살아가고 있다. 산업혁명 이후 대량생산, 대량소비 문화가 생겨났고, 남의 것을 훔치지 않더라도, 돈만 있으면 그것을 얼마든지 소유할 수 있는 세상이 된 것이다. 이런 세상을 살아가는 현대인들의 머릿속에는 '무제한적인 재화'(limitless goods)라는 인식이 어느덧 자리 잡고 있다.

하지만 고대인들은 달랐다. 그들이 살아가던 세상은 모든 재화가 넘쳐 나는, 그래서 마음만 먹으면 언제든지 소유할 수 있는 그런 세상이 아니었다. 인류가 모든 재화가 넘쳐 나는 풍성함을 경험한 지는 지금으로부터 불과 몇 백 년밖에 되지 않는다. 18세기 후반 영국의 제임스 와트가 증기기관(steam engine)을 발명하면서 시작된 근대의 산업혁명 이후부터 인류는 과거와는 다른 별천지의 세상을 경험하게 된 것이다.

고대인들의 무의식 속에는 현대인들과 달리 '모든 재화는 제한되어 있다'(limited goods)는 인식이 뿌리 깊었다. 모든 재화는 제한되어 있기 때문에 내가 더 가지려 할 때 그만큼 남이 피해를 볼 수밖에 없는, 현대적 표현을 빌리자면 '제로섬'(zero sum) 게임이 벌어지는 곳이 고대인들이 살아가던 세상이었다.

남들보다 엄청나게 많은 것을 소유한 지배층이 '후견인-의뢰인' 체제를 통해 가난한 자들과 자신의 재화(goods)를 나누었던 것도, 알고 보면 자신들이 사는 세상이 이런 '제로섬' 게임과 같다는 것을 공통적으로 인식했기 때문이다.

고대 사회는 남보다 더 많은 것을 소유했을 때 덜 가진 사람과 나누는 것을 최고의 덕목으로 여겼다. 아울러 고대인들은 나누지 않고 혼자만 독식하려는 사람을 향해 '뭐, 그럴 수도 있지! 자기 건데 자기 맘대로 할 수도 있지!' 하면서 대충 넘어갈 수 없었다.

이런 부자들, 곧 악한 눈을 가진 자들에게는 사회적인 경멸과 모욕이 뒤따랐다. 왜냐하면 부자가 가진 잉여의 산물(surplus)은 다른 사람에게 그만큼의 부족과 결핍을 초래한다고 여겼기 때문이다. 자선을 베풀지 않는 부자에게 가해진 사회적 경멸과 모욕은 결국 그들의 부(富)가 남의 것을 훔친 것과 같다는 사고에서 기인한 것이다. 명예와 수치가 최고의 가치로 여겨지던 성서시대 사회에서 '인색한 부자'라는 평가는 곧 사회적 죽음을 의미했다.

성서시대의 문화적 정취가 많이 남아 있는 현대의 중동 국가에서 부자는 가난한 자에게 베푸는 자선을 통해 자신의 사회적 명예를 쌓는다. 그곳에서 부자의 관대함은 고상한 인격을 나타내는 척도가 된다. 반면, 부자의 인색함은 경멸과 웃음거리가 된다. 중동의 부자들에게는 '인색하다'는 말이 최고의 욕설이며, 그래서 때로는 분수에 넘치게 돈을 쓰면서 인색하다는 이미지를 지우려고 애를 쓴다.

'제한된 재화'란 개념이 뿌리 깊은 고대인들에게, 남보다 더 갖게 된 잉여의 재화는 과연 누구의 것으로 인식되었을까? 그것은 언제 자신에게 닥칠지 모를 '궁핍의 때'(rainy days)를 위해 저축할 수 있는 성격의 것이 아니었다. 물론 자신과 그 후손들만이 자자손손, 흥청망청, 떵떵거리며 살기 위한 것도 아니었다. '제로섬' 게임 사회를 살아가던 성서시대 부자들에게는 운 좋게 자신에

인색하셔라..
돈 좀
더 가져와!

게 주어진 잉여의 부(富)를 동시대의 가난한 사람들과 함께 나누어 써야 한다는 무언의 사회적 압력이 가해졌던 것이다.

성서시대 유대인들의 이런 사고를 알 때 예수님의 비유 속에 나오는 부자가 얼마나 어리석고, 심지어 경멸스런 사람인지 새롭게 이해할 수 있다.

> "또 비유로 그들에게 말하여 이르시되 한 부자가 그 밭에 소출이 풍성하매 심중에 생각하여 이르되 내가 곡식 쌓아 둘 곳이 없으니 어찌할까 하고 또 이르되 내가 이렇게 하리라 내 곳간을 헐고 더 크게 짓고 내 모든 곡식과 물건을 거기 쌓아 두리라 또 내가 내 영혼에게 이르되 영혼아 여러 해 쓸 물건을 많이 쌓아 두었으니 평안히 쉬고 먹고 마시고 즐거워하자 하리라 하되 하나님은 이르시되 어리석은 자여 오늘 밤에 네 영혼을 도로 찾으리니 그러면 네 준비한 것이 누구의 것이 되겠느냐 하셨으니 자기를 위하여 재물을 쌓아 두고 하나님께 대하여 부요하지 못한 자가 이와 같으니라"(눅 12:16-21).

악한 눈: 단순한 '시기'가 아니라 '심리적 살인 행위'

자, 그러면 히브리어 관용구인 '악한 눈'이 갖고 있는 파괴적인 의미를 제대로 느껴 보도록 하자. '제한된 재화'와 '무제한적인 재화'라는 서로 다른 믿음과 서로 다른 세상을 살아간다는 점에서 고대인과 현대인은 분명 차이가 있

아이고..

다. 그런데 문제는 고대인이나 현대인이나 좋은 물건을 보면 그것을 갖고 싶은 충동이 이는 것은 매한가지라는 사실이다.

이럴 경우 현대인들은 갖고 싶은 물건을 당장 사든지, 아니면 최소한 언제든 맘만 먹으면 살 수 있다고 하면서 자신을 위로하고 달랠 것이다. 하지만 고대인들의 경우는 전혀 달랐다. 먼저, 고대인들의 무의식 세계를 지배하던 '제한된 재화'란 사고가 이들을 따라다닌다. 게다가 당시의 절망적인 경제 상황에서 웬만한 평민들은 아무리 시간이 흘러도 그것을 소유할 능력이 생길 수 없었다. 그렇다고 그 물건을 훔치는 것은 수치스런 행위였다.

이런 상황에서 고대인들이 탐심을 해결할 수 있는 방법은 무엇이었을까? 오직 하나! 그것은 바로 자신이 갖고 싶은 물건, 더 나아가 그 물건의 실소유주를 향해 '악한 눈'(evil eye)을 던지는 것이다.

현대의 사전적 의미로는 히브리어 관용구인 '악한 눈'(evil eye)을 단순히 '시기'(envy)란 말로 번역한다. 하지만 '악한 눈'은 단지 두 개인 간의 점잖은 경쟁심리를 의미하는 현대 심리학적 개념의 '시기'와는 엄청난 차이가 있다. 고대세계에서 어떤 물건, 더 나아가 그 물건의 소유주에게 '악한 눈'을 던지는 것은 곧 그 사람이 죽기를 간절히 열망하는, 그래서 그 물건이 자신의 소유물이 되기를 바라는 간절한 열망이 담겨 있다.

굳이 현대적 개념을 빌리자면 누군가에게 '악한 눈'을 던지는 것은 그 사람이 죽기를 바라는 '심리적 살인'에 해당하는 것이다. 이것이 '악한 눈'이 갖고 있는 파괴적이고 섬뜩한 의미인 것이다. 고대인들은 상대방이 던지는 '악한 눈'을 통해 그 사람의 살인적인 영혼(spirit)까지 자신에게 전가된다고 믿었다.

그리고 실제로 그런 믿음 속에서 살아간 고대인들은 '악한 눈'의 공격을 받게 되면 며칠 동안 시름시름 앓다가 운명을 달리하곤 했다.

'악한 눈'의 공격을 막아 내는 방책: 장신구 & 질투

그러면 고대 사람들은 타인이 자신의 소유물을 향해 던지는 '악한 눈'의 공격을 막기 위해서 어떤 방책을 세웠을까? 그것은 바로 문신, 도장, 반지 등과 같은 다양한 보석류의 장신구를 몸에 주렁주렁 달고 다니는 것이다. 고대인들에게 보석(jewelry)은 현대인들이 생각하는 단순한 액세서리가 아니었다. 이것은 악한 영(spirit)의 공격으로부터 자신을 보호해 주는, 현대적 개념을 빌리자면 '부적'(amulet)과 같았다.

고대 사회에서 보석이 갖고 있는 이미지를 알 때 다음에 나오는 이사야서의 말씀도 새롭게 조명할 수 있을 것이다.

> "주께서 그날에 그들이 장식한 발목 고리와 머리의 망사와 반달 장식과 귀고리와 팔목 고리와 얼굴 가리개와 화관과 발목 사슬과 띠와 향합과 호신부와 반지와 코 고리와 예복과 겉옷과 목도리와 손 주머니와 손거울과 세마포 옷과 머리 수건과 너울을 제하시리니"(사 3:18–23).

'악한 눈'의 공격으로부터 자신의 소유물을 지켜 내는 고대인들의 방법 중에서 빠뜨릴 수 없는 또 다른 방책이 있다. 그것은 바로 자신의 물건을 향해 타오르는 '질투심'(jealousy)을 표출하는 것이다. 현대적 의미에서 질투(jealousy)와 시기(envy)는 비슷한 단어로 인식된다. 때로는 시기 질투를 함께 사용하기도 한다.

하지만 고대인들의 세계, 특히 성서시대 유대인들의 사고에서 질투와 시기는 전혀 다른 감정이다. '시기'는 남의 물건을 향해 악한 눈을 던지며 그것을 갖고 싶어 하는 강한 충동이지만, '질투'는 타인이 던지는 악한 눈의 공격으로부터 자신의 소유물을 지켜 내려는 욕구다. 결국 시기는 수치스런 감정인데 반해, 질투는 명예로운 감정인 것이다. 히브리어로도 '시기'는 악한 눈을 의미하는 '아인 라'를 사용하지만, '질투'는 '킨아'(קנאה)를 사용한다.

시기와 질투의 서로 상반된 개념을 알 때 우리는 질투하시는 하나님을 새롭게 이해할 수 있다. 히브리어에서 말하는 시기, 질투의 개념을 알지 못하는 현대의 성경 독자들은 '하나님이 뭐 쩨쩨하게 질투를 하시는가?'라고 오해하겠지만, 하나님의 질투는 우리가 생각하는 '저차원적인' 것이 아니다. 그것은 바로 자신의 소유물인 자녀를 향해서 질투심을 발함으로써 그것을 빼앗으려고 사탄이 던지는 '악한 눈'(시기)의 공격으로부터 보호하시려는 하나님의 '고차원적인' 전략인 것이다.

이런 의미를 알 때 우리는 '질투하시는 하나님'에 대해 새롭게 이해할 수 있다.

"그것들에게 절하지 말며 그것들을 섬기지 말라 나 네 하나님 여호와는 질투하는 하나님인즉 나를 미워하는 자의 죄를 갚되 아버지로부터 아들에게로 삼사 대까지 이르게 하거니와"(출 20:5).

"너는 다른 신에게 절하지 말라 여호와는 질투라 이름하는 질투의 하나님임이니라"(출 34:14).

"네 하나님 여호와는 소멸하는 불이시요 질투하시는 하나님이시니라"(신 4:24).

"너희 중에 계신 너희의 하나님 여호와는 질투하시는 하나님이신즉 너희의 하나님 여호와께서 네게 진노하사 너를 지면에서 멸절시키실까 두려워하노라"(신 6:15).

"여호수아가 백성에게 이르되 너희가 여호와를 능히 섬기지 못할 것은 그는 거룩하신 하나님이시요 질투하시는 하나님이시니 너희의 잘못과 죄들을 사하지 아니하실 것임이라"(수 24:19).

"제사장 아론의 손자 엘르아살의 아들 비느하스가 내 질투심으로 질투하여 이스라엘 자손 중에서 내 노를 돌이켜서 내 질투심으로 그들을 소멸하지 않게 하였도다"(민 25:11).

파괴적인 의미를 담고 있는 히브리어 관용구인 '악한 눈'은 성경에서도 확인된다.

"간음과 탐욕과 악독과 속임과 음탕과 흘기는 눈과 훼방과 교만과 광패니"(막 7:22, 개역한글).

이 구절은 예수님이 우리 마음에서 나오는 더러운 죄들을 제시하면서 나온 말씀이다. 여기서 '흘기는 눈'은 현대인들이 생각하는 것처럼 단순히 '남을 째려보는' 수준이 아니라 바로 '악한 눈', 즉 파괴적인 시기심을 가리킨다.

하나님의 멸망을 바라는 품꾼들(?)

이제 '선한 눈–악한 눈'과 관련된 히브리어 관용구 여행을 끝내고, 다시금 우리가 다루고 있는 '포도원 품꾼의 비유' 현장 속으로 돌아와 보자. 불평하는 품꾼들을 향한 포도원 주인의 마지막 호통을 다시금 기억해 보자.

"내가 선하므로 네가 악하게 보느냐"(개역성경).
"내가 후하기 때문에, 그대 눈에 거슬리오?"(표준새번역)

전혀 다른 뉘앙스로 번역된 개역성경과 표준새번역 성경은 이미 언급한 대로 '선한 눈—악한 눈'과 관련된 히브리어 관용구의 난해함에서 비롯된 것이다. 위의 두 번역을 두고 '선한 눈—악한 눈'의 관용구적인 표현이 갖고 있는 본래 의미를 최대한 살려서 다시 번역한다면 이렇게 될 것이다.

> "내게는 '선한 눈'이 있는데 네가 오히려 나에게 '악한 눈'을 던지느냐?"(직역)
>
> "내가 너희들에게 그토록 자선과 긍휼을 베풀었는데, 너희들은 그런 나에게 오히려 파괴적이고 살인적인 눈 흘김으로 나오느냐?"(의역)

그렇다. 품꾼들은 지금 자신들에게 은혜와 긍휼을 베푼, 즉 지극히 '선한 눈'을 갖고 있는 포도원 주인에게 파괴적이고 살인적인 '악한 눈'을 던지고 있는 것이다. 이럴 때 우리는 흔히 이렇게 말한다.

"아니, 저런, 배은망덕도 유분수지!"

하지만 품꾼들의 죄는 이처럼 단순히 도덕적이고 윤리적인 차원에서 머무르지 않는다. '포도원 품꾼의 비유' 속에서 포도원 주인은 곧 하나님을 가리킨다. 비유의 단순성으로 인해 이 비유를 듣는 청중은 쉽게 이 사실을 알아챘을 것이다.

비유 속의 포도원 주인이 하나님의 대역이라면 품꾼들은 지금 하나님이 멸망하도록 '악한 눈'을 던지고 있는 것이다. 불평하는 품꾼들의 사악함과 극악무도함, 후안무치… 도저히 인간의 언어로는 적절한 표현을 찾을 수도 없는 그런 무섭고 섬뜩한 품꾼들의 죄악이 느껴지는가? 만약 우리가 '포도원 품꾼의 비유'를 읽으면서 불평하는 품꾼을 향해 일말의 변호하는 마음과 동정하는 마음이 생긴다면, 우리도 결국 하나님의 멸망을 바라는 참람한 죄악에 자신도 모르게 동참하는 어처구니없는 상황에 놓이게 되는 것이다.

chapter

08

'포도원 품꾼의 비유'가 가르치는 교훈은 무엇인가?

예수님을 따르는 참된 제자도

하나님은 세상의 고용주와는 달리 품꾼들에게 긍휼과 자비를 베푸시는 후견인이시다. 하나님이 우리의 든든한 후견인이시라면 그분의 포도원에서 일하는 우리의 자세 또한 달라야 하지 않겠는가? 세상의 품꾼들은 동료의 행운을 시기하고 서로 '누가 크냐?'고 경쟁하지만, 예수님을 따르는 우리는 동료의 행운에 함께 기뻐하고 서로를 축복해 주어야 한다.

'포도원 품꾼의 비유'을 마무리하는 이번 장에서 다루고자 하는 주제는 이 비유가 누구를 향해 주어졌는가 하는 점이다. 어찌 보면 이 주제는 가장 먼저 다루어야 했을 주제인지도 모른다. 실제로 《열린다 비유》 시리즈의 1, 2권에서 다룬 '선한 사마리아인의 비유'와 '돌아온 탕자의 비유'에서는 이 주제가 비유 해설의 앞부분에 등장한다.

나는 앞선 두 권의 책을 쓰면서 비유 자체의 본문으로 곧바로 직행하는 가속 페달을 밟지 않았다. 독자에 따라서는 지나치게 뜸을 들이는 게 아닌가 싶은 마음이 들 정도로, 그 비유를 말씀하신 주변 상황을 해설하는 데 많은 노력과 공을 들였다.

예를 들어 '선한 사마리아인의 비유'의 경우 본문은 누가복음 10장 30–37절이지만, 나는 율법사가 예수님을 찾아와서 질문하는 25절부터 비유의 해설을 다루었다. 율법사와 예수님이 주고받은 몇 차례의 질문과 대답의 공방전, 율법사가 던진 질문의 주제인 '영생'과 '이웃의 의미' 등이 '선한 사마리아인의 비유'를 이해하는 중요한 실마리요 틀(frame)이라고 보았기 때문이다.

'선한 사마리아인의 비유'는 단지 예수님과 율법사 간에 오고 간 질문과 대답 중에 불쑥 튀어나온 빙산의 일각에 불과할 뿐, 그 기저에 깔린 비유가 나오게 된 배경 설명이 비유 자체에 대한 설명 못지않게 중요하다고 확신했던 것이다.

그러면 '돌아온 탕자의 비유'는 어떤가? '돌아온 탕자의 비유'도 비유 자체만 놓고 본다면 누가복음 15장 11–32절이 본문에 해당한다. 하지만 나는 비유가 나온 배경, 즉 바리새인과 서기관들의 비난이 나오는 1절부터 비유의 해설을 시작했다. 이것 역시 같은 이유에서다. 예수님의 비유는 비유 자체도 중요하지만 그 비유가 나온 배경과 상황을 먼저 이해하는 것이 중요하다.

그런데 나는 '포도원 품꾼의 비유'에서만큼은 전작인 두 권의 선례를 따르지 않았다. 여기에는 두 가지 피치 못할 이유가 있다.

첫째, '포도원 품꾼의 비유'는 마태복음의 새로운 장(chapter)이 시작되는 20장 1절부터 산뜻하게 출발하고 있기 때문이다. 비유의 본문이 처음부터가 아니라 중간에서 불쑥 튀어나오는 앞선 두 개의 비유들에서는 자연스럽게 비유가 나오게 된 배경을 설명할 필요가 있었지만, '포도원 품꾼의 비유'는 상황이 달랐던 것이다.

둘째, '포도원 품꾼의 비유'는 비유 자체의 패러독스가 지나치게 부각된 탓에 이 패러독스를 우선적으로 다루고픈 유혹을 떨쳐버리지 못했다. '포도원 품꾼의 비유'가 주는 패러독스는 예수님의 많은 비유들 가운데 이 비유를 단연 압권으로 만드는 매력이다. 이런 이유로 1장에서 언급했듯이 '포도원 품꾼의 비유'를 향한 찬사들이 이어지고 있는 것이다.

이런 구차한 변명과 이유에도 불구하고 나는 드디어 '포도원 품꾼의 비유'가 나온 배경, 즉 '이 비유가 과연 누구를 대상으로 주어진 것인가?' 하는 주제와 맞닥뜨릴 수밖에 없다. 내가 여기서 '맞닥뜨렸다'는 표현을 쓰는 것은 이 주제가 앞선 두 개의 비유에서처럼 그리 단순하지만은 않기 때문이다. '포도원 품꾼의 비유'에서 이것은 의외로 어렵고 또 논란이 많은 주제이기도 하다. '포도원 품꾼의 비유'는 비유 자체도 그 해석에 있어서 논란이 많았지만, 이 비유가 나오게 된 배경에 대해서도 논란이 많았다. 이번 장을 따라가다 보면 내가 왜 이토록 장황하게 이 점을 설명하는지 이해하게 될 것이다.

비유를 앞뒤로 감싸고 있는 격언은 과연 적절한가?

2장에서 살짝 언급했지만 '포도원 품꾼의 비유'(마 20:1−15)의 앞과 뒤를 감싸고 있는 낯익은 격언이 있다.

> "그러나 먼저 된 자로서 나중 되고 나중 된 자로서 먼저 될 자가 많으니라"(마 19:30).

> "이와 같이 나중 된 자로서 먼저 되고 먼저 된 자로서 나중 되리라"(마 20:16).

'포도원 품꾼의 비유'(마 20:1−15)는 두 격언의 중간에 끼어 있는 샌드위치 구조를 띠고 있다. 한편 재미있는 것은 비유의 앞뒤를 감싸고 있는 격언이 언뜻 똑같아 보이지만 자세히 살펴보면 약간의 차이가 있다는 사실이다. 즉 '먼저'(first)와 '나중'(last)의 순서가 바뀌어 있다. 저자 마태의 의도가 다분해 보이는 표현인데, 그 심중의 깊은 의도를 후세의 비유 해석가들이 파악하기란 여간 어렵지 않다.

비유의 앞뒤로 감싸고 있는 이 격언과 관련해서 가장 재미난 사실은 이것이다. 이 격언과 '포도원 품꾼의 비유'가 가르치는 교훈은 언뜻 아무런 상관이 없어 보인다는 것이다. '포도원 품꾼의 비유'를 찬찬히 보라! 처음 된 자가 나중 되고 나중 된 자가 처음 되었는가? 결코 아니다. 오히려 처음 된 자와 나중 된 자가 모두 똑같아지지 않았는가? 처음부터 불려 와서 12시간 꼬박 일한 품꾼이나 제일 늦게 불려 와서 고작 1시간 일한 품꾼이나 똑같이 한 데나리온의 품삯을 받고 비유는 끝나고 있다. 모두가 똑같아졌는데, 처음 된 자가 나중 되고 나중 된 자가 처음 된다니?

'포도원 품꾼의 비유'와 앞뒤로 감싸고 있는 격언이 일치하는 부분은 단 하나, 즉 품삯의 지불 순서밖에 없다. 먼저 온 자가 나중에 품삯을 받고, 늦게 온 자가 먼저 품삯을 받았기 때문이다. 하지만 순서가 뒤집힌 품삯 지불을 강조하기 위해서 이런 격언이 앞뒤로 감싸고 있지는 않을 것이다.

'포도원 품꾼의 비유'를 앞뒤로 감싸고 있는 이 격언이 실상 비유 자체의 내용과 심각한 불일치를 보이고 있는데, 이런 사실을 제일 먼저 지적한 사람은 주후 4세기 때 교부였던 요한 크리소스토무스다(Homilies on Matthew 64.3). 현대의 비유 해석가인 예레미야스 역시 추가된 격언이 비유의 교훈과 일관성 면에서 벗어남을 인정한 바 있다. 비유의 앞뒤를 감싸고 있는 격언의 적절성 여부는 '포도원 품꾼의 비유'의 배경 연구가 비유 자체만큼이나 만만치 않음을 보여 주는 좋은 예일 것이다.

비유는 바리새인을 겨냥해서 주어진 것인가?

'포도원 품꾼의 비유'는 과연 누구를 대상으로, 더 구체적으로 표현하면 누구를 겨냥하여 주어진 것인가?

현대의 비유 해석가인 예레미야스는 '포도원 품꾼의 비유'가 적대자인 바리새인들의 비난에 대한 자기변호의 성격에서 나온 것이라고 주장했다. 하지만 '돌아온 탕자의 비유'에서는 이에 대한 분명한 언급(눅 15:1-3)이 있지만 여기서는 예레미야스의 그러한 주장을 뒷받침해 줄 만한 아무런 힌트도 발견할 수가 없다.

> "모든 세리와 죄인들이 말씀을 들으러 가까이 나아오니 바리새인과 서기관들이 수군거려 이르되 이 사람이 죄인을 영접하고 음식을 같이 먹는다 하더라 예수께서 그들에게 이 비유로 이르시되"(눅 15:1-3).

불평하는 품꾼을 '유대인'으로, 은혜 입은 마지막 품꾼을 '이방인'으로 보는 시각도 있다. 하지만 예수님의 말씀을 듣고 있던 청중은 우리가 생각하듯 유대인과 이방인으로 나뉘지 않았고 모두 유대인들이었기 때문에 이런 견해 역시 설득력이 희박하다.

다른 비유에서처럼 '포도원 품꾼의 비유'에서도 각종 알레고리적 해석이 난무했다. 대표적인 알레고리 해석을 열거하면 다음과 같다.

- 다섯 번에 걸친 품꾼 고용 행위: 인류 역사의 다섯 시기
  1. 아담에서 노아까지
  2. 노아에서 아브라함까지
  3. 아브라함에서 모세까지
  4. 모세에서 그리스도까지
  5. 그리스도에서 현재까지
- 품꾼을 힘들게 한 수고와 더위: 율법
- 품삯으로 받은 한 데나리온: 영생
- 품삯을 나눠 준 청지기: 그리스도

알레고리적 해석을 한참 쳐다보고 있노라면 이런 해석을 만들어 낸 신학자들의 무한한 상상력 앞에 실로 할 말을 잃게 된다. 한 가지 분명한 사실은 이런 알레고리적 해석은 비유로 말씀하시던 1세기 삶의 현장과는 전혀 동떨어진 해석이라는 것이다.

'포도원 품꾼의 비유'는 경쟁하는 제자들에게 주어진 것이다

'포도원 품꾼의 비유'가 주어진 배경과 상황에 대한 해석으로 제시된 신학자들의 수많은 주장들을 잠시 뒤로하고, 우리는 이 비유가 기록된 전후의 말씀들을 찬찬히 살펴볼 필요가 있다. 이렇게 함으로써 우리는 비유가 나온 가

장 정확한 상황적 배경을 찾아낼 수 있기 때문이다. 다른 비유들은 장의 중간에서 불쑥 등장했기 때문에 비유가 들어 있는 그 장 하나만 살피면 되었지만, '포도원 품꾼의 비유'는 마태복음 20장 1절부터 시작하기 때문에 그 전 장인 19장부터 면밀하게 분석할 필요가 있다.

'포도원 품꾼의 비유'(마 20:1-15) 앞에는 가진 것이 너무 많아서 예수님을 따르지 못하고 근심하고 돌아간 부자 청년의 이야기(마 19:16-26)가 나온다. 그리고 곧이어서 모든 것을 버리고 예수님을 따른 제자들이 받게 될 궁극적인 보상에 대한 이야기(마 19:27-29)가 나온다. 그리고 '포도원 품꾼의 비유' 뒤에는 예루살렘에서 당하게 될 예수님의 수난에 대한 예고(마 20:17-19)가 나온다. 이처럼 '포도원 품꾼의 비유'는 제자들이 받게 될 '보상'과 예수님이 당하게 될 '수난' 이야기 사이에 위치하고 있다. 이런 사실은 우리에게 '포도원 품꾼의 비유'가 나온 배경에 대해서 무엇을 말해 줄까?

비유가 놓인 위치에 대한 세밀한 분석은 비유의 본래적인 의미를 파악하기 위해 반드시 필요한 과정이다. '포도원 품꾼의 비유'는 보상의 약속과 수난의 예고 사이에 놓여 있다. 여기서 보상의 약속과 수난의 예고 사이에 비유가 자리 잡고 있다는 것이 중요하다.

> 제자들이 받을 보상의 약속-'포도원 품꾼의 비유'-예수님이 당할 수난의 예고

결국 '포도원 품꾼의 비유'는 제자들이 받게 될 보상의 약속과 예수님이 당

하게 될 수난의 예고 사이에서 제자들이 느끼게 될 당혹감으로 인해 주어진 것임을 예측할 수 있다.

제자들은 예루살렘으로 향하는 예수님의 여정이 이스라엘의 영광스런 회복을 위한 것이라고 철석같이 믿었다. 그래서 세베대의 어머니는 예수님께 은밀히 찾아와 자신의 두 아들(요한과 야고보)을 하나는 주의 나라에서 좌편에, 다른 하나는 우편에 앉혀 달라는 청탁을 했다.

> "그때에 세베대의 아들의 어머니가 그 아들들을 데리고 예수께 와서 절하며 무엇을 구하니 예수께서 이르시되 무엇을 원하느냐 이르되 나의 이 두 아들을 주의 나라에서 하나는 주의 우편에, 하나는 주의 좌편에 앉게 명하소서 예수께서 대답하여 이르시되 너희는 너희가 구하는 것을 알지 못하는도다 내가 마시려는 잔을 너희가 마실 수 있느냐 그들이 말하되 할 수 있나이다 이르시되 너희가 과연 내 잔을 마시려니와 내 좌우편에 앉는 것은 내가 주는 것이 아니라 내 아버지께서 누구를 위하여 예비하셨든지 그들이 얻을 것이니라"(마 20:20-23).

이 사실을 알게 된 다른 제자들은 폭풍 분노를 보이고 예수님은 이런 제자들을 다음과 같이 가르치며 수습하신다.

> "열 제자가 듣고 그 두 형제에 대하여 분히 여기거늘 예수께서 제자들을 불러다가 이르시되 이방인의 집권자들이 그들을 임의로 주관하고 그 고

관들이 그들에게 권세를 부리는 줄을 너희가 알거니와 너희 중에는 그렇지 않아야 하나니 너희 중에 누구든지 크고자 하는 자는 너희를 섬기는 자가 되고 너희 중에 누구든지 으뜸이 되고자 하는 자는 너희의 종이 되어야 하리라 인자가 온 것은 섬김을 받으려 함이 아니라 도리어 섬기려 하고 자기 목숨을 많은 사람의 대속물로 주려 함이니라"(마 20:24–28).

제자들은 예루살렘으로 올라가는 예수님의 목적을 전혀 깨닫지 못했다. 예루살렘에서 당하게 될 수난에 대해 이미 두 번씩이나 예고했건만, 제자들은 여전히 그 의미를 깨닫지 못하고 있었다. 율리우스 카이사르가 말한 것처럼 사람은 누구나 자기가 보고 싶어 하는 현실밖에 보지 못하는지도 모른다.

제자들은 모든 것을 버리고 예수님을 따랐고, 예수님은 그런 제자들에게 놀라운 보상의 약속을 주셨다.

"이에 베드로가 대답하여 이르되 보소서 우리가 모든 것을 버리고 주를 따랐사온대 그런즉 우리가 무엇을 얻으리이까 예수께서 이르시되 내가 진실로 너희에게 이르노니 세상이 새롭게 되어 인자가 자기 영광의 보좌에 앉을 때에 나를 따르는 너희도 열두 보좌에 앉아 이스라엘 열두 지파를 심판하리라 또 내 이름을 위하여 집이나 형제나 자매나 부모나 자식이나 전토를 버린 자마다 여러 배를 받고 또 영생을 상속하리라"(마 19:27–29).

제자들은 이 놀라운 보상의 약속이 예루살렘을 향한 승리의 입성과 함께 즉각 이루어질 것이라 믿어 의심치 않았다. 하지만 예수님은 예루살렘 입성이 승리의 입성이 아니라 고난의 입성이 될 것이라 예고하고 있다. 눈앞에 닥칠 보상에만 눈이 먼 제자들로서는 예수님의 이 말씀이 도통 이해되지 않았을 것이다. 그러면 우리에게 주어질 보상은 도대체 뭐란 말인가?

예수님이 약속하신 보상은 예루살렘에서 당하게 될 수난을 통과한 이후에나 주어지는 것이다. 그리고 지금 당장 제자들이 해야 할 일은 예수님과 함께 고난을 받는 것이다. 다시 말해 예수님은 약속된 보상과 예고된 수난 사이에서 갈팡질팡할 제자들을 준비시키기 위해 '포도원 품꾼의 비유'를 말씀하신 것이다.

보상에만 눈이 멀어 서로 간에 경쟁심만 불타고 있는 제자들에게, 보상보다 먼저 그들에게 찾아올 고난의 길을 예비하도록 돕기 위해 비유의 말씀이 주어진 것이다. '포도원 품꾼의 비유'가 보상과 수난 사이에 위치하고 있는 것도 이런 사실을 강력하게 뒷받침해 준다.

보상은 수난을 통과한 이후에 주어질 것이다. 제자들에게 지금 당장 필요한 것은 수난 받으러 가는 예수님과 함께 수난의 길을 걷는 것이다. 그것이 예수님이 제자들에게 지금 당장 줄 수 있는 보상이라는 것이다. 하지만 어떻게 수난이 보상이 될 수 있단 말인가? 어쩌면 '포도원 품꾼의 비유'는 '수난=보상'이라는 어려운 명제를 해결하기 위해 주어진 것이라고 볼 수 있다.

비유가 주어진 상황의 재구성

보상과 수난 사이에 자리 잡은 비유의 위치를 이해하면서 비유가 나오게 된 본래의 상황과 목적을 재현해 보도록 하자. 이 부분은 이신형 목사님의 저서 《말씀은, 깊다》를 참고한 것이다. 나는 이 책을 읽으면서 '행간의 숨은 뜻을 읽는다'는 게 바로 이런 것임을 실감하면서 연방 무릎을 쳤다. 그리고 남들은 쉽게 보지 못하는 '포도원 품꾼의 비유' 속에 숨겨진, 어쩌면 비유를 말씀하신 예수님과 비유를 기록한 마태가 비유를 통해 진정 의도했던 보화를 잔뜩 발견한 듯한 희열을 느꼈다.

'포도원 품꾼의 비유'에 대한 각종 알레고리적 해석이 난무하는 현대 교회의 설교단을 못내 씁쓸해 하면서, 나는 보화를 찾은 희열을 안고 이신형 목사님의 탁월한 해석을 마지막 장의 지면을 통해 소개하고자 한다.

'포도원 품꾼의 비유'가 나올 수밖에 없었던 발단은 부자 청년의 질문과 예수님의 대답으로 거슬러 올라간다. 영생을 정신적인 가치나 고상한 깨달음 정도로 알고 '가벼운' 마음으로 예수님께 찾아온 부자 청년은 결국 '무거운' 마음을 품고 예수님을 떠나간다. 예수님이 부자 청년에게 영생을 얻기 위해서는 그가 가지고 있는 모든 소유를 다 팔아 가난한 자들에게 나누어 주라는 청천벽력과 같은 말씀을 하셨기 때문이다.

이 말씀은 예수님의 곁을 든든히 지키고 있던 제자들까지도 당혹스럽게 만든다.

'모든 것을 버리고 예수님을 따르는 것이 영생을 얻는 길이라고? 그러면 우리는 진작에 영생을 받았어야 마땅한 게 아닌가?'

이것이 부자 청년이 떠나간 후 예수님의 곁을 지키던 제자들이 품게 된 의구심과 당혹감이었다. 하지만 제자들의 형편은 빤하지 않은가? 그들은 아직까지 받은 게 아무것도 없다. 제자들은 의구심을 참지 못하고 예수님께 넌지시 질문을 던진다. '보상'에 대한 질문이라 그런지, 질문을 하면서도 제자들은

자신도 모르게 쭈뼛거린다.

“저, 거시기, 뭐랄까? 우리는 모든 걸 버리고 예수님을 좇았는데, 그럼 우리가 받게 될 영생의 보상은 구체적으로 뭔가요?”

이 질문에 대한 답변으로 예수님은 자신에게 올인한 제자들이 장차 받게 될 보상에 대해 선포하신다. 예수님은 자신이 영광의 보좌에 앉게 될 그날에 제자들도 열두 보좌에 앉아 열두 지파를 심판하게 될 것이라고 말씀하신다. 참으로 듣기만 해도 심장이 쿵쾅거리는 말씀이다. 가슴이 뜨거워진다. 제자들은 순간 ‘빙고!’ 하고 환호성을 지를 뻔했다. 하지만 너무 속보이는 짓 같아 애써 속마음을 숨긴다. 그리고 속으로만 이렇게 생각한다.

‘그래, 예수님을 따르는 것은 인생을 걸고 올인해 볼 만한 일이야!’

그런데 예수님은 이렇게 어메이징한 말씀을 해놓고 갑자기 알쏭달쏭한 말로 보상에 대한 약속을 마무리하신다.

“그러나 너희 중에 먼저 된 자로서 나중 되고 나중 된 자로서 먼저 될 자가 많을 것이다.”

이렇게 말씀하고 나서 예수님은 골똘히 생각에 잠긴다.

‘제자들은 내가 약속한 보상의 의미를 제대로 알아들었을까? 영생을 정신적인 가치나 고상한 깨달음 정도로 여기고 찾아온 부자 청년처럼 제자들도 내가 약속한 보상을 정치적인 파워나 현세적인 복쯤으로 오해한 건 아닐까? 혹시나 해서 먼저 된 자로서 나중 되고 나중 된 자로서 먼저 될 자가 많을 거라는 의미심장한 문구를 첨가했지만, 과연 그 말의 뉘앙스를 제자들이 알아차렸을까?’

보상에 대한 이야기를 듣고 붕 떠 있는 제자들의 얼굴을 보고 있노라니 예수님은 곧 이래선 안 되겠다 싶은 마음이 들었다. 그래서 비유로 제자들을 깨우쳐야겠다고 마음먹는다.

갈릴리에서 예루살렘을 향해 출발하면서 예수님은 이미 두 차례나 제자들에게 수난에 대한 예고를 하셨다. 수난에 대한 예고는 이러했다. 예루살렘으로 향하는 이 길은 예전과는 분명 다르다는 것을, 자신이 예루살렘에서 죽게 될 것을, 하지만 그것이 끝이 아니라는 것을. 하지만 제자들은 예루살렘으로 향하는 여정을 오해하고 있는 것이 분명하다. 여전히 자기들끼리 '누가 크냐?'를 주제로 팽팽한 권력 다툼을 벌이고 있는 것을 보면 말이다.

정신 못 차리고 환상에 빠져 있는 제자들을 깨우치는 데는 '비유'만 한 것이 없음을 예수님은 잘 알고 있다. 비유로 가르치면 제자들은 그 알쏭달쏭한 의미를 찾기 위해 생각에 잠길 것이고, 해답이 떠오르지 않으면 예수님께 질문을 해올 것이다. 그때 다시금 가르침을 주면 제자들은 예수님이 약속하신 보상의 참된 의미를 이해하지 않을까?

마침 예수님과 제자들은 포도원 옆을 지나고 있었다. 품꾼을 구하러 가는 주인의 모습도 보인다. 스토리텔링의 대가답게 예수님은 즉석에서 이야기를 지어 낸다. 바로 '포도원 품꾼의 비유'가 그것이다.

비유 속에서 예수님이 만들어 낸 포도원 주인의 캐릭터는 참으로 알쏭달쏭하다. 이 주인은 아무래도 정상적인 사고를 가진 사람 같지는 않다. 노동량에 비례해서 품삯을 지불하는 게 상식인데, 그의 행동은 상식에서 한참을 벗어나 있다. 오늘까지만 포도원을 하고 내일은 포도원의 문을 닫을 요량인가? 아니면 타인에게 포도원을 넘기려고 그러는가? 하지만 넘길 때 넘기더라도, 그리고 문 닫을 때 닫더라도 품삯 지불은 제대로 해야 하지 않은가?

비유를 듣는 제자들의 얼굴은 온갖 의문으로 가득하다. 이 비유를 듣고 의문이 드는 것은 당연하다. 스토리텔러이신 예수님이 의문을 품도록 이야기를 구성했기 때문이다. 비유를 듣고 의문이 안 생기면 오히려 그 사람이 이상한 것이다.

주인은 성실히 일한 품꾼을 바보로 만든다. 당황스러운 것은 한 시간밖에 일하지 않은 품꾼도 마찬가지다. 일한 시간에 비해 너무 많은 품삯을 받은 것은 좋지만, 다른 품꾼들, 특히 12시간을 꼬박 일한 동료 품꾼의 얼굴을 똑바로 쳐다보기가 민망하다. 포도원 주인은 의도적으로 품꾼들을 도발하면서 주사위를 던졌다.

비유의 마지막은 제자들에게 보상을 제시하면서 예수님이 하신 마지막 말씀과 정확히 일치하고 있다. 차이가 있다면 '먼저'와 '나중'의 순서만 바뀌었을 뿐이다. 일종의 운율을 맞춘 것인데, 이것은 제자들에게 깊은 여운을 남기기 위한 것이었다.

비유를 들은 제자들은 곰곰이 생각하다가 예수님께 찾아온다.

"주님, 저희에게 '포도원 품꾼의 비유'를 풀이해 주세요. 도통 알다가도 모르겠습니다."

예수님은 제자들의 질문에 답하기보다 오히려 역질문을 하신다.

"포도원 주인이 품꾼들에게 내일도 아침 일찍부터 포도원에 와서 일하라고 말했다고 하자. 그렇다면 어떻게 될 것 같으냐?"

제자들은 순간 당황한다. 그리고 생각해 본다.

'모든 품꾼들이 포도원 문 닫기 직전인 오후 5시에 우르르 몰려들지 않을까? 저 괴팍한 포도원 주인은 일찍 오나 늦게 오나 똑같이 한 데나리온의 품삯을 줄 것이 빤하지 않은가?'

불현듯 제자들에게 이런 생각이 떠오르지만 감히 이것을 입 밖에 내지는 않는다. 누가 봐도 너무 속 보이는 대답이기 때문이다. 제자들의 생각이 아무리 짧아도 그렇지, 그런 대답은 분명 예수님의 질문 의도와는 맞지 않을 것이다. 제자들은 그저 머리를 긁적거리며 대충 얼버무린다.

"거, 뭐, 내일 아침이 되어 봐야 알겠지요."

그러자 예수님은 기다렸다는 듯이 다음 질문을 던진다.

"좋다. 그럼 만약 너희들이 비유 속의 품꾼들이라면 어떻게 할 것 같으냐?"

그렇다. '포도원 품꾼의 비유'는 바리새인이 아니라 제자들을 겨냥해서 주어진 것이다. 자신에게 모든 걸 올인하고 있지만, 마음은 여전히 콩밭에 가 있는 제자들, 계속 '누가 크냐?'는 문제로 경쟁하는 제자들을 깨우치기 위해서 주어진 것이다. 예수님은 보상에 눈이 먼, 더 정확히 표현하자면 자신이 약속한 보상의 의미를 완전히 오해하고 있는 제자들을 '포도원 품꾼의 비유'를 가지고 깨우치기를 원하신 것이다.

제자들은 예루살렘에 들어가는 날이 보상의 날이라고 굳게 믿고 있지만, 예수님은 예루살렘에서 수난을 당하게 될 것을 말하고 있다. 비유는 제자들에게 주어진 보상의 약속이 수난의 강을 건넌 이후에야 성취될 것임을 깨닫게 하기 위해서 주어진 것이다. 아울러 당장 제자들에게 주어질 보상은 예수님과 함께 고난 받는 것임을 가르치기 위함이었다.

아침 일찍부터 포도원에 와서 종일 수고와 더위를 견디며 일하는 것은 무엇을 의미할까? 그것은 예루살렘에서 당하게 될 예수님의 수난에 동참하는 것을 말한다. 제자들이 기대하는 보상은 그 수난을 통과한 이후에나 주어질 것이다.

"그럼 너희 가운데 누가 먼저 나의 고난에 동참할 테냐? 그것도 기꺼이, 그리고 기쁜 마음으로."

이런 마음에서 예수님은 제자들에게 질문한 것이다.

"포도원 주인이 모든 품꾼들에게 내일도 아침 일찍부터 포도원에 와서 일하라고 말했다고 하자. 그렇다면 어떻게 될 것 같으냐?"

"좋다. 그럼 만약 너희들이 비유 속의 품꾼이라면 어떻게 할 것 같으냐?"

포도원에서 일하는 것은 예수님의 수난에 동참하는 것이다. 예루살렘에 도착하자마자 예수님이 제자들에게 줄 수 있는 보상은 자신이 겪게 될 수난밖에 없다. 품꾼들이 모두 한 데나리온의 품삯을 받은 것처럼 제자들 모두에게 똑같은 수난이 주어질 것이다.

"자, 너희들 가운데 누가 먼저 나의 수난에 동참할 테냐? 여기까지 나를 따라왔듯이 예루살렘에서도 나를 따르고 내 곁을 지키겠느냐?"

하지만 제자들은 말이 없다. 침묵만이 고요히 흐를 뿐이다. 아무도 먼저 입을 여는 사람이 없다. 혹시 여느 때처럼 베드로가 제일 먼저 입을 열었을까? "다른 사람은 다 주를 버릴지라도 저는 죽기까지 주를 따르겠습니다"면서 말이다. 아니면 도마는 어떤가? "우리도 주와 함께 죽으러 가자"면서 말이다.

호기심에서 시작된 제자들의 질문을 통해 예수님은 제자들에게 실존적인 결단을 촉구하며 도전하신다. 예수님의 비유는 자신을 따르는 제자들에게 자신이 가려는 수난의 길에 동참하라고 초청하는 결단의 부름을 내포하고 있다.

우리는 예루살렘에서 일어난 이후의 스토리를 이미 잘 알고 있다. 십자가를 향해서 나아가는 예수님의 수난의 현장을 지킨 제자는 아무도 없었다. 모두가 예수님을 부인하고 도망갔다. 하지만 또 하나의 분명한 스토리가 있다. 그것은 부활하신 예수님을 만난 후 모두가 예수님이 지시하신 길을 걸어갔다는 사실이다. 부활하신 예수님을 만났을 때 제자들의 뇌리에는 "나중 된 자로서 먼저 되고 먼저 된 자로서 나중 되리라"는 예수님의 말씀이 떠오르지 않았을까?

'포도원 품꾼의 비유'는 종말 비유가 아니다. 재림 비유도 아니다. 이 비유는 예루살렘에서 자신이 맞이하게 될 운명을 앞두고 제자들에게 마음의 준비를 시키기 위해 주어진 것이다.

비유의 이해를 돕는 랍비 문헌의 병행구절들

'포도원 품꾼의 비유'가 담고 있는 핵심 주제들을 이해하기 위해서는 유럽에서 태어난 후세의 교부들과 신학자들의 문헌이 아니라, 예수님과 거의 동시대를 살던 유대 랍비들의 문헌에서 비슷한 병행구절을 찾는 것이 훨씬 효과적이다.

수세기 동안 '포도원 품꾼의 비유' 속에 등장하는 불평하는 품꾼은 바리새인, 또는 유대교의 상징으로 해석되어 왔다. 유대교의 '행위' 이론과 대비되는 기독교의 '은혜' 이론을 강조하기 위해 본 비유가 집중적으로 조명 받은 것이다. 하지만 이런 알레고리적 해석은 분명 1세기 당시의 사회적, 종교적, 문화적 콘텍스트(context)에서 벗어난 것이다. '유대교'에 대적하면서 '기독교'라는 새로운 종교의 창시자로서 예수님을 바라보는 것이 현대의 성경 독자들의 뿌리 깊은 선입관이겠지만, 이것은 분명 1세기 당시 이스라엘 땅에서 사역하시던 예수님의 모습과는 거리가 멀다. 예수님은 1세기 당시 유대 사회의 종교적 리더로서 유대교의 틀 안에서 내적인 혁신을 추구한 것이지, 결코 아웃사이더로서 유대교를 공격한 것이 아니기 때문이다.

'포도원 품꾼의 비유'를 통해 예수님이 가르치시고자 한 주제에 더욱 가까이 가기 위해서, 나는 여기서 당시 랍비들의 문헌 중 비슷한 주제를 담고 있는 병행구절과 랍비들의 비유들을 소개하고자 한다.

랍비 문헌 속의 병행구절 1

헤롯 대왕(주전 37~ 주전 4년)이 등장하기 1세기쯤 전에 유대교의 사상적 흐름에는 가히 종교적 혁명이라 부를 만한 일이 발생했다. 그것은 하나님의 신적인 은혜와 그에 대한 강조, 더 나아가 사랑과 경외심이 최우선적인 동기가 되어 하나님을 섬겨야 한다는 생각이 유대 랍비들에게서 출현한 것이다. 초기 기독교 내 유대적 뿌리(Jewish Roots) 연구에 있어서 세계적인 권위자로 알려진 전(前) 히브리대학교 교수 데이비드 플러서(David Flusser)는 기독교가 탄생하기 1세기 전에 유대교 안에서 일어난 이 새로운 영적 각성이 이후 기독교의 메시지에도 강력한 영향을 주었다고 말한다.

유대교 내에 일어난 영적 각성은 주전 150년경에 살던 랍비인 안티고누스(Antigonus of Socho)로부터 시작된다. 그는 하나님을 섬기는 인간의 자세와 관련해서 이런 말을 했다.

> "단지 보상만을 바라고 주인을 섬기는 종이 되지 말고, 보상을 초월해서 섬기는 종이 되어라. 하나님께 대한 경외심이 늘 당신을 충만하게 덮도록 하라"(m. Aboth 1:3).

랍비 안티고누스의 주장에 따르면, 하나님은 우리에게 일한 만큼 품삯을 나누어 주는 '고용주'가 아니라 넘치도록 베풀어 주시는 은혜로운 '후견인'과 같은 분이다. 품꾼의 노동력에만 관심을 갖는 분이 아니라, 품꾼의 절박한 현실에 대해 한없이 긍휼한 마음을 갖고 계신 분이다. 하나님이 우리를 그렇

바라느냐?
바라지 않습니다.

게 대하신다면, 우리가 단지 품삯만 바라고 꾸역꾸역 일하는 품꾼의 자세로 그분을 섬겨서는 안 되지 않는가? 이것이 랍비 안티고누스의 주장인 것이다. '포도원 품꾼의 비유'가 다루고 있는 '보상'의 문제와도 일치하고, 보상의 본질, 품꾼의 자세 등에서 가르치는 교훈이 상당 부분 일치한다고 볼 수 있다.

랍비 문헌 속의 병행구절 2

> "솔로몬이 거룩하시며 복되시고 거룩하신 분에게 말했다. 우주의 주님이시여! 왕이 자신의 일을 잘 수행하는 일꾼들을 고용하고 임금을 지불한다면 그가 찬양 받을 만한 무슨 자격이 있겠습니까? 그러면 언제 그가 찬양을 받을 만합니까? 게으른 일꾼을 고용하고도 그들에게 모든 임금을 줄 때가 아니겠습니까?"(Midrash Psalm 26:3).

시편 미드라쉬에 나오는 이 스토리는 흔히 '왕과 게으른 일꾼'(The King and the Lazy Workers)으로 불리는데, 하나님의 은혜에 대한 유대적 관점이 잘 드러난다. 단순히 유대교를 행위의 종교, 기독교를 은혜의 종교로 구분하는 것이 상당히 모호할 수 있음을 보여 주는 이야기다. 예수님 당시 랍비들은 하나님이 결코 인간의 선한 행동에 기초해서만 판단하시지 않음을 잘 알고 있었다. 유대적 관점에서도 인간은 인간의 힘과 노력만으로 하나님의 용납하심을 얻어 낼 수가 없다. 오직 값없이 주어지는 하나님의 은혜로만 그분 앞에 설 수 있는 것이다.

랍비 문헌 속의 병행구절 3

랍비 히야(Hiyya)는 다음과 같은 비유로 가르쳤다.

> "과수원을 가지고 있는 어느 왕은 품꾼들을 불러 자신의 과수원에서 일하도록 했다. 하지만 각각의 나무들에 얼마의 품삯이 걸려 있는지는 품꾼들에게 말하지 않았다. 왕이 과수원에 있는 다양한 종류의 나무들에 대한 품삯을 미리 말해 주었더라면 품꾼들은 서로 가장 많은 품삯을 받을 수 있는 나무만을 돌보려고 했을 것이다. 그렇게 되면 어떤 나무는 지나친 돌봄을 받을 것이고, 어떤 나무는 아무도 돌보지 않는 상황이 벌어질 것이다.
>
> 마치 이 과수원을 가진 왕처럼, 찬양 받기에 합당하신 우리의 하나님도 수많은 율법 조항을 지키는 데 대한 각각의 보상을 이스라엘 백성에게 미리 계시하지 않으셨다. 그것을 미리 계시하셨다면 이스라엘 백성은 가장 큰 보상이 걸린 율법 조항만 지나치게 지키려고 할 것이고, 다른 율법 조항들은 무시될 것이다"(Pesik. Rab. 23/24).

랍비 히야가 가르친 이 비유 역시 품꾼들에게 주어지는 품삯을 통해 보상의 문제를 다루고 있다. 현실적으로 중요한 품삯을 통해 하나님을 섬기는 참된 자세를 가르치고 있는 것이다. 보상만을 바라고 과수원을 돌볼 경우 어떤 나무는 지나친 돌봄을, 또 어떤 나무는 아무도 거들떠보지 않는 상황이 벌어질 것이다. 과수원에서 일한 품꾼들은 어찌되었든 보상을 받겠지만 이들에게 필요한 것은 각각의 나무의 필요를 돌보고자 하는 진지한 자세인 것이다.

이 비유는 랍비 안티고누스의 가르침과도 흡사한 면이 있다. 하나님을 섬기는 데 있어서 눈에 보이는 보상이 아니라 그에 대한 철저한 순종을 가르치고 있기 때문이다.

랍비 문헌 속의 병행구절 4

엘리에젤의 아들 랍비 시므온(Simeon)은 두 일꾼을 고용한 어느 왕의 비유를 말했다.

> "첫 번째 사람은 하루 종일 일을 해서 한 데나리온을 받았다. 두 번째 사람은 겨우 한 시간만 일했는데, 그 사람도 똑같이 한 데나리온을 받았다. 어떤 사람이 왕으로부터 더 많은 사랑을 받은 것인가? 한 시간만 일하고도 한 데나리온을 받은 사람이 아닌가!
> 마찬가지로 우리의 선생님인 모세도 120년 동안 이스라엘을 섬겼고, 사무엘은 그것의 반도 되지 않는 52년만 섬겼다. 그럼에도 두 사람은 무소부재하신 하나님 앞에서 똑같은 상급을 받았다"(m. Semachot Derabbi 3:2).

랍비 시므온이 가르친 비유도 '포도원 품꾼의 비유'처럼 다르게 일했지만 결국 같은 보상을 받게 된 경우를 다루고 있다. 이 비유를 통해 랍비 시므온은 단순한 '일'(work)과 '은혜'(grace)를 비교하여 가르치고 있다. 모세는 사무엘과 비교했을 때 작업 시간 면에서 본다면 두 배의 시간을 일했다. 하지만 이들은 모두 하나님께 대한 전적인 순종을 통해 공정한 보상을 받았다. 하나님은 단순히 작업 시간만으로 그 사람을 판단하지 않으신다는 것이다.

랍비 문헌 속의 병행구절 5

"하야의 아들 랍비 분(Bun)을 누구에 비교할 수 있을까? 많은 품꾼들을 고용한 왕에 비교할 수 있다. 왕의 품꾼들 가운데 한 사람은 매우 성실하게 일했다. 왕은 어떻게 했는가? 왕은 그를 불러서 자기 소유의 밭 구석구석을 그와 함께 산책하며 걸었다. 해가 저물자 품꾼들은 품삯을 받기 위해 모였다. 왕은 자신과 함께 산책한 성실한 품꾼에게도 하루치 품삯인 한 데나리온을 주었다. 그러자 다른 품꾼들이 중얼거리면서 투덜댔다.
'쳇, 우리는 하루 온종일 일했고, 저 사람은 겨우 두 시간만 일하고 당신과 산책만 했는데 저 사람과 우리가 똑같은 품삯을 받다니요?'
그러자 왕이 그들에게 말했다.
'그는 두 시간 동안 너희들이 하루 온종일 일한 것보다 더 많은 일을 했느니라!'
이와 같이 랍비 분도 28년밖에 일하지 않았지만, 그는 다른 학자들이 100년 동안 연구해도 못할 많은 연구를 했다"(j. Ber. 5c, ch2, halakah 8).

이 비유는 젊은 나이인 28세에 죽은 랍비 분(Bun)의 장례식에서 유족들을

뭐시라?
췟. 너무하네...

위로하기 위해 랍비 제이라(Zeira)가 말한 것이다. 엄밀히 말해서 이 비유는 '포도원 품꾼의 비유'가 가르치는 메시지와는 많이 다르다. '왜 비극이 의인에게 일어나는가' 하는 복잡한 문제를 다루고 있는 것이다. 하지만 여기에는 다른 시간을 일하고도 결국 똑같은 한 데나리온의 품삯을 받은 것과 이를 놓고 다른 품꾼들이 불평하는 구조가 '포도원 품꾼의 비유'와 얼추 비슷하기 때문에 병행구절의 예문으로 뽑았다.

천국에서의 '정의'와 '보상'은?

예수님과 동시대를 살던 랍비들의 문헌 중 병행구절을 살펴볼 때 '포도원 품꾼의 비유'가 주는 교훈은 더욱 명확해진다.

첫째, 천국 윤리에서 '정의'(justice)의 개념이다. 천국에서 정의란 과연 무엇인가? 과연 천국에도 정의는 존재하는가? 그저 '물에 술 탄 듯 술에 물 탄 듯' 두루뭉술 넘어가는 은혜만이 존재하는 것은 아닌가?

일정한 노동에 일정한 품삯! 이것은 수백 년간, 아니 수천 년간 세상을 지배해 온 경제 정의다. 포도원 주인은 첫 품꾼을 제외한 나머지 품꾼들에게 '상당하게'(정의롭게) 지불하겠다고만 약속하고 포도원으로 불러들였다. 해가 진 후에 지불된 품삯을 통해서 볼 때 포도원 주인이 생각한, 그리고 비유를 말씀하신 예수님이 생각하신 '정의'는 세상에서 통용되는 경제 정의와는 확연히 달랐다.

세상에서는 노동 시간에 따른 품삯 지불이 정의겠지만, 천국에서는 품꾼의 상황에 따른 맞춤 정의가 통용된다. 포도원 주인이 품꾼들에게 '일한 만큼'이 아니라 '필요한 만큼'의 품삯을 준 것처럼 말이다. 또한 천국에서 정의는 가난한 자의 존엄성에 대한 존중과 그들의 복지에 대한 지속적인 관심을 포함한다. 포도원 주인이 품꾼들에게 값싼 동정을 베풀지 않고 일자리를 제공함으로써 그들의 자존감을 지켜 준 것처럼 말이다.

둘째, 천국 윤리에서 '보상'(reward)의 개념이다. '포도원 품꾼의 비유'는 분명 '보상'의 문제를 심도 있게 다루고 있다. 공관복음서를 기록한 세 명의 성경 저자들 가운데 유독 마태만이 이 '보상'의 문제에 깊은 관심을 보이는 것 같다. '보상'을 의미하는 헬라어 단어인 '미스도스'(μισθός)가 마태복음에는 무려 10번이나 등장한다. 같은 공관복음서인 누가복음에는 3번, 마가복음에는 고작 1번 등장하는 것을 볼 때 '보상'은 마태복음의 중요한 주제임을 알 수 있다.

마태복음에 나타난 보상과 관련된 말씀을 두 개만 예로 들어 보자.

> "기뻐하고 즐거워하라 하늘에서 너희의 상이 큼이라 너희 전에 있던 선지자들도 이같이 박해하였느니라"(마 5:12).

> "너희가 너희를 사랑하는 자를 사랑하면 무슨 상이 있으리요 세리도 이같이 아니하느냐"(마 5:46).

나는 이쯤 해서 '보상'을 의미하는 히브리어를 살펴보는 것이 의미 있다고 본다. 히브리어에는 '보상'을 뜻하는 단어가 두 개 있다. 하나는 '프라스'(פרס) 이고, 다른 하나는 '사카르'(שכר)다. '프라스'는 어떤 종류의 보너스나 추가적인 보상의 의미로 쓰이고, '사카르'는 정확히 일한 대가로 주어지는 일당의 의미로 쓰인다. 하나님이 우리 인생들에게 보상을 주신다면 그것은 '프라스'일까, 아니면 '사카르'일까? 바로 일한 만큼 받는 '사카르'가 아니라, 추가적인 보상인 '프라스'인 것이다.

왜 그런가? 하나님은 세상의 고용주와는 달리 품꾼들에게 긍휼과 자비를 베푸시는 후견인이시기 때문이다. 하나님이 우리의 든든한 후견인이시라면 그분의 포도원에서 일하는 우리의 자세 또한 달라야 하지 않겠는가?

천국 윤리, 가치의 전도 & 가치의 역전

마태는 마태복음 19장 16절–20장 28절에서 높은 자리, 부와 명예, 탐욕, 보상이란 다양한 주제들을 부각시키고 있다. 그중에서도 '보상' 문제는 가장 핵심적인 주제로서, 그 정점에 '포도원 품꾼의 비유'가 위치하고 있다.

마태는 이를 통해 세상에서 통용되는 가치(value)와는 전혀 다른, 어떻게 보면 완전히 전도된 듯한 천국에서의 새로운 가치를 제시하고 있다. 그렇다. 천국에서의 가치는 이 땅에서의 그것과는 전혀 다르다. '비유'를 통해 예수님이 가르치시는 '천국 윤리'라는 과목을 수강하다 보면, 우리는 가치의 '전도'(upside down), 그리고 가치의 '역전'(reversal) 현상을 목도하게 된다.

마태복음 19장 16절–20장 28절에서 다루고 있는 천국 윤리를 몇 가지만 소개해 보도록 하자.

첫째, 세상에서는 할 수만 있으면 높아지려고 하지만 제자들은 기쁜 마음으로 낮아져 섬겨야 한다.

둘째, 세상의 품꾼들은 품삯만 바라고 주인이 안 보면 얼렁뚱땅 시간을 때우려 하지만 제자들은 기쁨과 자원하는 마음으로 하나님을 섬겨야 한다.

셋째, 세상의 품꾼들은 동료의 행운을 시기하고 서로 '누가 크냐?'고 경쟁하지만, 제자들은 동료의 행운에 함께 기뻐하고 서로를 축복해 주어야 한다.

넷째, 무소부재하신 하나님, 그분 앞에서는 모든 경쟁이 '도토리 키 재기'에 불과하다. 하나님은 제자들에게 정의롭게 보상하실 것이다.

예수님의 제자: 천국 윤리를 이 땅에서 실현시키는 사람들

예수님의 제자들은 천국의 새로운 가치를 이 땅에서 실현시키는 사람들이다. 예수님은 비유를 통해 자신을 따르는 제자들에게 다음과 같은 도발적인 질문을 던지고 계신다.

"너희들은 세상 가치에 휩쓸려서 살아갈 테냐, 아니면 세상 가치에 역류해서 천국의 놀라운 가치를 이 땅에서 전하는 제자로 살아갈 테냐?"

'포도원 품꾼의 비유' 역시 포도원 주인의 도발적인 질문으로 끝나고 있다.

"내 것을 가지고 내 뜻대로 할 것이 아니냐 내가 선하므로 네가 악하게 보느냐"(마 20:15).

포도원 주인의 마지막 말은 무척이나 퉁명스럽게 끝나고 있다. 일장 연설을 부드럽게 마친 게 아니라, 마치 중도에서 멈춘 듯한 느낌마저 든다. 포도원 주인의 연설이 끝나면서 우리는 자연스레 질문이 샘솟는다.

과연 포도원 품꾼들은 주인의 말에 동의하고 집단 농성을 풀었을까, 아니면 포도원 주인의 항변에 더욱 화가 나서 갈 데까지 갔을까?

혹시 포도원 점거농성에 들어가진 않았을까?

'노동자의 권익을 보호하라', '악덕 고용주는 자진 사퇴하라', '범 품꾼들은 대동단결하라'와 같은 섬뜩한 결의문을 들고 그들의 직장인 포도원 폐쇄에 들어갔을까?

이튿날 포도원의 상황은 어떻게 전개될까? 과연 품꾼들은 아침부터 일찍 와서 일을 할까, 아니면 '어차피 똑같은 품삯을 받을 텐데' 하면서 포도원 문을 닫기 직전에 어슬렁거리며 나타날까?

이렇게 꼬리에 꼬리를 무는 의구심을 뒤로한 채 '포도원 품꾼의 비유'는 예수님의 다른 비유들에서처럼 결말 없는 드라마로 막을 내리고 있다. 그렇다. 이제는 객석에 앉아 있는 청중이 무대 위에 직접 올라와 드라마의 대단원을 마무리해야 하는 것이다.

비유를 들은 제자들은 과연 비유가 가르치는 교훈을 깨닫고 더 이상 도토

물러가라!
노동권익 보장하라
대동단결
못살겠다!
물러가라!
물러가라!
악덕고용주 물러가라
물러가라!
신나
신나
신나

리 키 재기 식의 경쟁을 멈추었을까? 그들은 예수님이 예루살렘에서 당하게 될 수난의 현장을 지키고 그분의 제자답게 기꺼이 수난의 길을 걸어갔을까?

예수님은 '포도원 품꾼의 비유'를 통해 현대의 성경 독자들에게는 어떤 도발적인 질문을 던지고 계실까? 천국을 단지 죽은 후에 들어가게 될 '판타지' 쯤으로 여기고, 이 땅에서는 현세적이고 물질적인 복만 추구하며, 그리고 자신이 받은 복을 도토리 키 재기 하듯 남과 비교하면서 살아가는 성도들은, 과연 비유를 통해 예수님이 말씀하시는 참된 제자도에 어떤 식으로 반응할 것인가?

참고도서

《구약시대의 생활풍속》, 롤랑드보 지음, 이양구 옮김, 대한기독교서회, 1983
《로마인 이야기》, 시노오 나나미 지음, 김석희 옮김, 한길사, 2007
《말씀은, 깊다》, 이신형 지음, 두란노, 2010
《목사님 밥하고 설교하세요》, 장재일 지음, 쿰란출판사, 2009
《아랍인의 의식 구조》, 사니아 하마디 지음, 손영호 옮김, 큰산, 2000.
《역사적 예수》, 존 도미닉 크로산 지음, 김준우 옮김, 한국기독교연구소, 2000
《예수 시대의 예루살렘》, 요아킴 예레미야스 지음, 한국신학연구소, 1992.
《예수에게 솔직히》, 로버트 펑크 지음, 김준우 옮김, 한국기독교연구소, 2006.
《예수의 비유》, 요아킴 예레미야스, 허혁 옮김, 분도출판사, 1974.
《예수의 비유 다시 보기》, 김흥규 지음, 프리칭아카데미, 2009.
《예수의 비유 새로 듣기》, 버나드 브랜든 스캇 지음, 김기석 옮김, 한국기독교연구소, 2006.
《예수께서 가라사대》, 윌리엄 바클레이 지음, 양길영 옮김, 쿰란출판사, 2008.
《요세푸스》, 요세푸스 지음, 김지찬 옮김, 생명의말씀사, 1987.

《유대 문화를 통해 본 예수의 비유》, 이진희 지음, 쿰란출판사, 2001.
《초대교회 배경사》, 에버렛 퍼거슨 지음, 박경범 옮김, 은성, 1993.
Brad H. Young, *Jesus the Jewish Theologian*, Hendrickson Publishers, 2007.
Brad H. Young, *The Parables*, Hendrickson Publishers, 2008.
David Noel Freedman, T*he Anchor Bible Dictionary*, Doubleday, 1992.
David H. Stern, *Jewish New Testament Commentary*, JNTP, 1992.
Gary M. Burge, *Jesus the Middle Eastern Storyteller*, Zondervan, 2009.
James W Fleming, *The parables of Jessus*, Biblical Resources,, 2002.
John J. Pilch, *Cultural tools for Interpreting the Good News,* The Liturgical Press, 2002
John J. Pilch & J. Malina, *Biblical Social values,* Hendrickson, 1998
Kenneth E. Bailey, *Poet & Peasant*, Wm. B. Eerdmans Publishing, 1983.
Kenneth E. Bailey, *Jesus through Middle Eastern Eyes*, IVP Academic, 2008.
Klyne R. Snodgrass, *Stories with Intent*, Wm. B. Eerdmans Publishing, 2008.